Balkon

Das Grüner-Daumen-Konzept

DOROTHÉE WAECHTER

Was Sie in diesem Buch finden

Wissen, was wichtig ist

Gärtnern auf dem Balkon

Es ist wirklich nicht schwer, den Balkon mit blühenden Pflanzen zu verzaubern, wenn man sich vorher über Gefäße und Substrate informiert hat. Bei der Pflege steht vor allem die Wasserversorgung im Vordergrund. Es gibt Hilfsmittel, die das begehrte Nass gut speichern, aber auch eine ganze Reihe von Tipps und Tricks, wie und wann man richtig gießt. Abschließend gilt es noch die Pflanzen optimal mit Nährstoffen zu versorgen. Jetzt steht einem Blütenmeer nichts mehr im Wege.

Das passende Gefäß

Eine Frage des Stils ist es, welches Gefäß man auswählt. Am Balkongeländer wird man in der Regel in erster Linie zu einem praktischen Kasten greifen. Aber wenn man gestalterische Akzente setzen will, hat der markante Kübel eine Bedeutung.

Mediterrane Terrakotten – naturbelassen oder glasiert – sind wunderschön und im Topfgarten beliebt. Allerdings spricht das erhebliche Gewicht deutlich gegen dieses Material. Außerdem ist die Frostfestigkeit nur bedingt gegeben und die Einlagerung im Winterquartier mühselig. Daher sind diese Gefäße nur für einzelne kleinere Töpfe sinnvoll.

Kunststoffe sind sehr variabel und man kann mittlerweile gute Imitate von verschiedenen Materialien wie Blei, Terrakotta oder Beton aus Kunststoff kaufen. Dabei fällt erst auf den zweiten Blick auf, dass das Material nicht echt ist. Löcher sind in der Regel vorhanden, manchmal müssen sie allerdings noch an den markierten Stellen gebohrt werden.

Metall in Form von Zink ist leicht, allerdings fehlt meist das Abzugsloch. Wer also einen Balkon ohne Dach hat, sollte vor dem Bepflanzen Löcher in den Boden bohren. Schwarze Zinkgefäße haben den Nachteil des starken Aufheizens der Wände, sodass die Wurzeln geschädigt werden.

Korbwaren haben einen ländlichen Charme, auch wenn sie nicht wirklich praktisch sind. Das Naturmaterial ist ungleichmäßig und bei anhaltender Feuchtigkeit verrotten die Zweige, aus denen die Gefäße hergestellt wurden. Man bepflanzt Körbe nicht direkt, sondern kleidet sie entweder mit Folie aus oder stellt einen Kunststofftopf hinein.

5 Fakten für die Gefäßauswahl

1. Das Aussehen steht bei den Gefäßen an erster Stelle. Dabei geht es nicht um spontanes Gefallen, sondern darum, dass Kästen und Kübel zum Wohnstil passen.

2. Der Wurzelraum muss groß genug sein, damit sich die Pflanzen und vor allem der Wurzelkörper gut entwickeln können.

3. Die Wasserversorgung hängt von dem Gefäß und seiner Bauart (siehe Seite 10f) ab.

4. Gut aufgehängt: Kästen und Ampeln sollten nicht zu schwer sein und sicher befestigt werden.

5. Das Material sollte Sonnenlicht, Temperaturschwankungen, Feuchtigkeit und Frost aushalten.

Kästen und Kübel – die Grundlage

Ohne ein Gefäß kommt man auf dem Balkon nicht aus. Es ist der künstliche Boden, in dem Substrat gehalten wird, damit die Pflanzen ihr Wurzelwerk ausbreiten können und so Halt, Nährstoffe und Wasser bekommen. Dabei haben sich eine ganze Reihe von Eigenschaften als wachstumsfördernd bewährt.

Der Schwerpunkt des Balkongartens liegt auf dem Kasten, der am Balkongeländer befestigt wird. Zur Fixierung gibt es ganz unterschiedliche Halterungen, die am Geländer angebracht werden. Von den Maßen müssen Geländer bzw. Brüstung, die Tiefe des Kastens und die Halterung übereinstimmen. Es gibt viele Systeme, die durchaus flexibel anzupassen sind. Das Kastengefäß selbst sollte stabil gebaut sein, aber kein zu hohes Gewicht haben, denn Substrat und Pflanzenmasse sowie Gießwasser müssen hinzugerechnet werden. Die Last muss beim Aufhängen und Abnehmen getragen werden können und sie darf das Geländer nicht überstrapazieren. Weiterhin muss man bedenken, dass ein Kasten erheblichen Witterungseinflüssen ausgesetzt ist. Neben den Temperaturschwankungen spielt die Lichtbeständigkeit eine erhebliche Rolle. Balkonpflanzen, die einen Sommer lang Höchstleistung bringen sollen, brauchen viel Platz für einen gut verzweigten Wurzelballen, der sie auch zum Ende der Saison noch perfekt versorgt. Man tut also gut daran, mehrere kürzere Gefäße mit einer großzügigen Breite und Tiefe aufzuhängen.

Wachsen Pflanzen im Erdreich, so kann vor allem der Wasserhaushalt leicht reguliert werden. Bei Kästen und Kübeln ist dieser Automatismus nicht vorhanden. Es ist ganz wichtig, dass überflüssiges Wasser abfließen kann. Gleichzeitig ist es aber auch von Vorteil, wenn man einen gewissen Speicher im Gefäßboden hat, aus dem sich die Pflanzen selbst versorgen können. Bei Kübeln und Töpfen übernimmt diese Funktion der Topfuntersetzer oder das Übergefäß.

1. Ein Abzugsloch im Boden ist wichtig, damit überschüssiges Wasser abfließen kann.
2. Korbgefäße schlägt man vor dem Bepflanzen mit Folie aus, damit sie nicht verrotten.
3. Zugige Stellen besser meiden, sonst gibt es Probleme mit Schädlingen und Krankheiten.
4. Ein windstiller Platz ist ideal, um eine Ampel aufzuhängen.

Helfer beim Gießen

Wasserspeichernde Stoffe kommen als Erstes in den Kasten. Unten auf das Abzugsloch kommt immer eine Scherbe, damit kein Substrat ausgespült wird. Darüber gibt man eine zwei bis drei Finger breite Schicht mit Blähton oder einem anderen Tongranulat (siehe Bild links oben), das in seinen Strukturen Wasser speichert und bei Trockenheit an das Erdreich abgibt. Mittlerweile gibt es auch flache Säckchen, die mit Blähton gefüllt sind und unten in den Kasten oder Kübel gelegt werden. Der Vorteil: Man kann diesen Blähton jedes Jahr wieder benutzen. Bei starkem Krankheitsbefall kann man ihn – ebenso wie loses Tonmaterial – mit kochendem Wasser übergießen oder in der Mikrowelle in Wasser entkeimen. So wird verhindert, dass die Krankheiten im folgenden Jahr wieder auftreten.

Dickes Vlies kann man unten in den Kasten legen. Es gibt die Vliesstreifen auf Maß für einen normalen Balkonkasten. In den Fasern wird Wasser gespeichert, wobei gleichzeitig verhindert wird, dass die Wurzeln im Wasser stehen und dadurch Schaden nehmen. Vlies kann man reinigen und im nächsten Jahr wiederverwenden.

Ein doppelter Boden dient auch als Wasserspeicher in modernen Systemkästen. Im inneren Boden sind Löcher und Vliesstreifen bzw. dochtähnliche Fäden, über die das Wasser bei Trockenheit aufsteigen kann. Ein Gießanzeiger (siehe Bild links unten) informiert über die Wasserhöhe im Reservoir. In den ersten Wochen reicht die Durchwurzelung nicht aus, um sich ausschließlich auf den Gießanzeiger zu verlassen. Man sollte die trockene Erdoberfläche auch mit Wasser benetzen.

Immer gut mit Wasser versorgt

Gießen ist das A und O bei der Pflanzenpflege auf dem Balkon, denn die Pflanzen sind nicht nur abhängig von der Witterung, sondern können sich nicht aus dem tiefen Erdreich mit Wasser versorgen. Und wenn sie überdacht stehen, kommen sie nicht einmal in den Genuss von Regenwasser.

Regenwasser hat eine besondere Qualität. Greift man zu Leitungswasser, dann muss man einiges beachten. Gerade bei hohem Verbrauch zum Gießen wird das Wasser immer kälter und der Gießvorgang zum Stressfaktor für die erhitzten Pflanzen. Es ist besser, man lässt das Wasser in der Kanne durch die Außentemperatur leicht erwärmen, dann ist es verträglicher.

Leitungswasser enthält viel Kalk, was einige Balkonblumen nicht vertragen. Goldzweizahn und Hängepetunien brauchen ein leicht saures Substrat und ein entsprechend kalkfreies Gießwasser.

Die Regentonne schont nicht nur die Wasserrechnung, sondern sorgt für weiches Wasser. In Absprache mit dem Hausbesitzer kann man an die Fallrohre der Dachrinne einen Sammelbehälter anschließen. So braucht man auch nicht so viel Wasser zu schleppen.

Ein oder zwei gefüllte Gießkannen sollte man immer als Reserve auf dem Balkon stehen haben. So kann man schnell mal gießen, wenn eine Sommerblume schlappmacht.

Wasser marsch, heißt es, wenn man direkt auf dem Balkon einen Wasseranschluss hat. Das ist sehr komfortabel, weil man so die Kästen auch mit einer automatischen Bewässerung versehen kann, die über einen Computer die Versorgung der Balkonpflanzen steuert. Eine absolute Garantie, dass nichts vertrocknet, ist so eine recht kostspielige Anlage jedoch nicht.

Die Qualität des Wassers

1. Wasser aus der Leitung ist in der Regel sehr kalt und kalkhaltig.
2. Gut verträglich für Pflanzen ist ein leicht angewärmtes, abgestandenes Wasser.
3. Eine ganze Reihe von Pflanzen bevorzugt kalkfreies Wasser.
4. Ein Schuss Essig im Wasser hilft gegen Kalk bei empfindlichen Pflanzen.
5. Regenwasser, das man von den Regenrohren sammelt, ist gut verträglich.

Wässern immer nach Bedarf

In der vollen Sonne wird nicht nur viel Wasser verbraucht, sondern es verdunstet auch viel. Die Pflanzen nutzen die Welke, damit die Blätter schlaff nach unten hängen und nicht so stark der Sonne ausgesetzt sind. Vorübergehend halten viele Balkonblumen diesen Zustand aus. Wichtig ist, dass sie spätestens früh morgens gegossen werden, damit sie gestärkt in den Tag gehen können.

Im Schatten ist der Verbrauch der Pflanzen deutlich verringert, weil weniger Wasser verdunstet. Deshalb macht es Sinn, Kästen und Kübel im Urlaub in den Schatten zu rücken, damit die Nachbarn und Freunde etwas entlastet sind.

Ein großes Topfvolumen bietet den Pflanzen viel Wurzelraum und einen guten Wasserspeicher. Wer also Fruchtgemüse wie Tomaten, Zucchini und Paprika pflanzt, wer große Pflanzen wie Sonnenblumen setzt – der sollte mit dem Wurzelraum nicht geizen.

Überhängende und kletternde Pflanzen haben nicht nur eine enorme Pflanzenmasse zu versorgen, sie verdunsten auch viel Wasser über die Blätter. Daher macht es Sinn, die Pflanzen von Anfang an in relativ große Gefäße zu setzen, damit sie sich gut versorgen können. Ebenso kann man sie vor dem Urlaub etwas zurückschneiden und verringert so zunächst ihren Verbrauch.

Wasserspeichernde Pflanzen wie zum Beispiel Geranien können selbst in ihren Trieben und Wurzeln Wasser einlagern. Daher werden solche Pflanzen, die man an ihren fleischigen Trieben und Blättern gut erkennt, erst gegossen, wenn die Erde durch und durch trocken ist.

5 Tipps zum Gießen

1. Vor dem Gießen sollte stets die Fingerprobe gemacht werden, um festzustellen, ob die Erde richtig trocken ist und gegossen werden muss.
2. Trockene Erde nimmt Wasser nur langsam auf. Daher immer mehrmals gießen.
3. Ein weicher breiter Strahl verhindert, dass viel Wasser verdunstet. Immer nur langsam gießen, damit die Erde nicht abgeschwemmt wird und das Wasser nicht oberflächig abfließt.
4. In den frühen Morgenstunden vertragen Pflanzen das Gießen am besten.
5. Ist die Erde richtig ausgetrocknet, sollte man nicht gleich Flüssigdünger geben, sondern erst die Feuchtigkeit einziehen lassen.

Nachschub aus der Kanne

Gießkannen sind der Klassiker für die Versorgung von Balkonblumen. Es gibt sie in vielen Varianten, passend zum Stil der Gefäße, farblich als Ergänzung zu den Blüten. Damit man nicht so häufig zum Wasserhahn muss, nimmt man gerne große Volumina. Aber das ist nicht immer gut, um die Pflanzen perfekt zu versorgen.

Die Brause, aus der das Wasser wie ein feiner Sommerregen perlt, ist auch Nicht-Gärtner/-innen beim Gedanken an das Gießen vor Augen. Man muss sich aber davon verabschieden. Braust man die Pflanzen ab, dringt das Wasser nicht zu den Wurzeln und die Blätter müssen abtrocknen. Feuchte Blätter begünstigen Pilzkrankheiten. Ein Strahl – nicht zu breit und nicht zu stark – ist viel besser, denn so kann man immer etwas Wasser auf die trockene Erde geben, es versickern lassen und erneut gießen. Mit dem breiten Strahl der großen Kanne schießt das Wasser über den Kastenrand hinaus – das Echo aus dem Stockwerk drunter wird nicht lange auf sich waren lassen – und im schlechten Fall spült man auch gleich noch Erde aus dem Kasten. Außerdem kann man mit dem feinen Strahl auch viel besser das Nachfüllfach für die Kästen mit dem doppelten Boden treffen.

Neben der Kanne ist es immer gut, wenn man einen Wassersprüher hat, um die Luftfeuchtigkeit zu erhöhen und gelegentlich mal Staub von den Blätter zu waschen.

Wenn man verreist, stellt einen der Balkon immer wieder vor ein Fragezeichen: Wer versorgt die Pflanzen? Bewässerungscomputer müssen kontrolliert, Wasserspeicher aufgefüllt und es muss auch mal gegossen werden. Es gibt einige Tricks, wie Rückschnitt und schattiger Standort, die den Bedarf drosseln. Auch Wasserflaschen, die man falsch herum in die Erde steckt, sind ideale Helfer. Aber die beste und zuverlässigste Gießhilfe findet man in der Nachbarschaft, Familie und im Freundeskreis.

1. Ein Abzugsloch im Boden ist wichtig, damit überschüssiges Wasser abfließen kann.

2. Mehrmals hintereinander wenig gießen, damit sich die Speicher im Substrat füllen.

3. Kübel abdecken mit Mulch oder bepflanzen, damit das Wasser nicht ungenutzt verdunstet.

4. Im Hochsommer eventuell etwas Erde nachfüllen, weil sich Pflanzenfasern im Substrat zersetzen.

Das richtige Substrat

Hochwertige Erden Es zahlt sich aus, wenn man beim Substrat nicht spart. Auf den ersten Blick sieht eine Blumenerde nur braun aus, aber die Markenprodukte enthalten hochwertige Inhaltsstoffe, die den Pflanzen das Wachstum erleichtern und damit eine Garantie für den Erfolg sind. Prüfsiegel sind beispielsweise ein Hinweis darauf, das der Hersteller Wert auf Qualität legt. Auch direkt beim Gärtner werden gute Erden angeboten. Anderenfalls würde er die Unzufriedenheit seiner Kunden spüren.

Spezialsubstrate Eine Erde für Zitronen, eine für Rhododendron, eine für Blumenzwiebeln…, da fragt man sich, ob das wirklich notwendig ist. Die Antwort lautet teils, teils. Bei Zitronen und Rhododendren macht ein Spezialsubstrat Sinn, weil diese Pflanzen besondere Ansprüche haben. Aber zwischen Geranien und Balkonblumen besteht kein so großer Unterschied, als dass man eine besondere Erde nehmen muss. Mit der Balkonblumenerde kommen die Balkonklassiker gut klar. Und in der Geranienerde wachsen auch andere stark wachsende Sommerblumen. Für Kübelpflanzen nimmt man ein Spezialsubstrat, denn es ist strukturstabil – sodass man nicht so oft umpflanzen muss.

Ohne Torf Viele Blumenerden werben damit, dass sie keinen Torf enthalten. Das ist umweltschonend und durchaus sinnvoll. Als humusreiches Grundmaterial dienen bei diesen Erden beispielsweise Kokosfasern und abgelagerter Rindenkompost. Das ist aber kein Nachteil für das Pflanzenwachstum.

Ultraleichte Erden Weniger Gewicht – das ist klasse, aber in der Regel geht das nicht ohne vollständig auf Torf zu verzichten. Bei einigen Herstellern wird der Torfanteil zwar reduziert und beispielsweise durch Kokosmehl ersetzt.

Jetzt mal Futter bei die Blumen

Nährstoffe sind wichtig, damit die Balkonpflanzen wachsen und blühen. Ganz wichtig: Die Dosierungshinweise auf der Packung beachten. Zu viel Dünger schadet nämlich mehr, als dass er hilft. Außerdem: Frische Blumenerde enthält bereits Dünger für die ersten vier bis sechs Wochen.

Flüssigdünger Alle ein bis zwei Wochen gibt man zum Gießwasser die angegebene Menge Dünger und die Pflanzen wachsen prächtig. Die Häufigkeit hängt davon ab, wie die Pflanzen wachsen. Bei Kälte im Frühsommer zum Beispiel entwickeln sie sich langsam und brauchen weniger Dünger. Das Wasser mit dem Dünger sollte nicht ausgebracht werden, wenn die Pflanzen stark ausgetrocknet sind. Dann erst mal gießen und düngen, wenn sich die Pflanzen erholt haben. Einziger Nachteil: Man muss daran denken.

Langzeitdünger Wer das Düngen einfach vergessen will, der verwendet Langzeitdünger, der die Pflanzen gleichmäßig über etwa 12 Wochen mit Nährstoffen versorgt. Am einfachsten ist es, man nimmt für die Sommerbepflanzung von vornherein eine Blumenerde mit Langzeitdünger.

Organische Dünger Hornspäne, Hornmehl, Rinderdung – all das sind sogenannte organische Dünger. Sie müssen erst mal im Boden umgesetzt werden, damit die Nährstoffe tatsächlich von den Pflanzen aufgenommen werden können. Für den Balkon machen diese Dünger nicht

wirklich Sinn und außerdem könnte es auch mal ein bisschen streng riechen.

Mineralische Dünger sind das Gegenteil zu den organischen. Sie sind wasserlöslich und können direkt von den Pflanzen aufgenommen werden. Die gängigen Balkonpflanzendünger – ganz gleich, ob flüssig oder fest – werden auf dieser Basis hergestellt.

5 Tipps zum Pflanzen

1. Die Gefäße sollten gut gereinigt sein und ein Loch im Boden haben.
2. Den Wurzelballen vor dem Pflanzen kräftig wässern.
3. Plastiktöpfe lösen sich leicht vom Ballen, wenn man sie etwas knetet.
4. Die Pflanzen sollten so hoch in der Erde sein wie zuvor im Topf.
5. Nach dem Pflanzen angießen und eventuell nochmals Substrat auffüllen.

Der richtige Standort

Sonnig heiß sind die Plätze, die direkt nach Süden ausgerichtet sind, sodass die Mittagsstunden voll besonnt sind. Eine ganze Reihe von Balkonblumen kommen mit dieser Hitze gut klar, zum Beispiel Mittagsgold, Kapmargeriten und Geranien. Auch Kübelpflanzen wie Oleander, Wandelröschen und Schmucklilie lieben diese Plätze.

Sonnig bis halbschattig nennt man Plätze, die morgens und nachmittags Sonne haben, aber nicht in den Mittagsstunden. Für alle Balkonblumen, die nicht ausschließlich für den Schatten geeignet sind, ist diese Situation optimal. Mit abnehmender Anzahl der Sonnenstunden kann die Blütenfülle etwas nachlassen.

Schattig und absonnig sind die Standorte, die keine Sonne haben. Dieses kann ein reiner Nordbalkon sein. Es kann sich auch um eine andere Himmelsrichtung handeln, bei der ein Baum oder ein Gebäude die Sonneneinstrahlung verhindert. Die Situation kann sich auch jahreszeitlich verändern. Ein Laubbaum lässt die Sonne in der blattlosen Zeit durch. Ebenso kann die flacher stehende Sonne in den Wintermonaten dazu führen, dass kein Licht auf den Balkon vordringt.

Zugige Plätze sind für die allermeisten Pflanzen nicht ideal, weil es dort immer ein paar Grad kühler ist. Außerdem verbreiten sich durch den Wind Blattläuse.

Regengeschützt sind Plätze, die bedacht sind. Das hat Vor- und Nachteile. Zwar können die Balkonblumen bei anhaltendem Regen nicht verregnen und leiden auch nicht unter der Nässe, aber man kann diese Pflanzen ausschließlich von Hand wässern.

Die Wirkung der Farben

1. Das Spektrum von Gelb bis Rot spiegelt die Farben des Feuers und wirkt warm.
2. Blau und Weiß stehen als Farben für Kälte. Zarte Pastelltöne haben ebenfalls eine kühle Ausstrahlung.
3. Die sprichwörtliche rosarote Brille steht dafür, dass diese Farben zum Träumen einladen.
4. Kräftige Farben und starke Kontraste wirken besonders anregend. Auch kleine Disharmonien wie die Kombination von Orange und Pink geben Impulse und versprühen Energie.
5. Beruhigend wirkt alles, was besonders harmonisch ist. Hierzu gehören vor allem Ton-in-Ton-Kombinationen. Gleichwohl ist grün beruhigend.

Gestalten für die Atmosphäre

Damit Sie sich auf Ihrem Balkon wohlfühlen, muss die Stimmung zwar nicht perfekt sein, aber alles sollte in sich stimmig sein und zu Ihnen passen. Ganz wichtig ist, dass der Balkon für einen selbst gestaltet wird und man ihn nicht für Nachbarn und Freunde einrichtet.

Der rote Faden

Das Motto für die Gestaltung kann man mehrfach im Jahr ändern, nämlich immer dann, wenn man die Bepflanzung wechselt oder auch von Jahr zu Jahr. Inspirationen findet man in Büchern wie diesem, in Zeitschriften oder dem Lieblingsblog. Vielleicht kommt aber auch spontan mal eine Idee, die man versucht umzusetzen. Dann nichts wie los und aufschreiben, was einem alles einfällt: Farben, Formen, Bilder und Erinnerungen. Aus diesen Elementen wird nun allmählich die Gestaltung. Es ist von Vorteil, wenn man eine neutrale Möblierung hat, weil dann das Wechseln leichter fällt und man mit Stoffen und Kissen auch leicht ein ganz neues Ambiente schaffen und zugleich die Farben von Blüten und Früchten unterstreichen kann. Nun geht es an die Pflanzenauswahl. Wichtig zu beachten: Bei der Sommerbepflanzung ausreichend Platz für den Zuwachs der Pflanzen einplanen. Das sieht im Anfang zwar ein bisschen kahl aus, aber es wäre schade, wenn die Pflanzen zu dicht stünden.

Endlich wird's wieder bunt

Der Frühling kommt

Nach dem Winter ist die Sehnsucht nach Farbe groß und die Frühlingsboten sind perfekte Begleiter zur Eröffnung der neuen Saison. Eine gute Mischung aus Zwiebelblumen und Zweijahresblumen bringt von März bis Mai ganz nach den persönlichen Vorlieben zarte bis satte Farben auf den Balkon. Dabei braucht man jetzt noch nicht alle Kästen und Kübel zu bepflanzen, sondern es genügt, erst mal nur einzelne Akzente zu setzen, die aufmunternd wirken.

1

Sehnsucht nach viel Farbe

2

3

1. Frühlingsgold

_ *auch im Halbschatten sehr schön*

_ *attraktiv und gleichzeitig preisgünstig*

_ *Pfennigkraut ist mehrjährig*

Die Pflanzungen im Kasten sind ganz gleichmäßig angeordnet: die Narzissen im Hintergrund, seitlich der Blattschmuck des hellgrünen Pfennigkrauts und in der Mitte die gelbe Primel mit dem weißblühenden Maßliebchen. So ein Blickfang reicht in den ersten Wochen aus, um den Balkon wieder mit Pflanzen zu schmücken, und dabei kostet das Ganze bei guter Qualität nicht mal 20 Euro. Man kann sogar als Erde die Reste vom letzten Sommer verwenden. Damit man lange etwas von der Schönheit hat, kauft man die Narzissen im knospigen Zustand. Das Pfennigkraut kann man auch als Blattschmuck für sommerliche Kombinationen weiterverwenden.

2. Voller Kontraste

_ *ein bisschen extravagant*

_ *Tulpen am besten selbst antreiben*

_ *Hornveilchen entfalten sich noch stärker*

Die fast schwarzvioletten Blüten von der Tulpensorte 'Queen of the Night' und die schwarzen Hornveilchen bringen die rosafarbenen Bellis in der Mitte zum Leuchten. Diese Kombination kommt richtig gut raus, wenn die Frühlingssonne durch die Blütenblätter scheint. Die abgeblühten Bellisblüten knipst man immer wieder aus, damit sich die neuen Knospen gut entwickeln. Es lohnt sich, die Pflanzung alle zwei Wochen mit etwas Flüssigdünger zu verwöhnen, denn die Hornveilchen erweisen sich als Dauerblüher und halten meist bis Anfang Juni.

3. Elegantes Topftrio

_ *erfrischende Kombination*

_ *Goldlack sorgt für zarten Duft*

_ *bunte Blätter ergänzen Blütenschmuck*

Die drei Töpfe bilden einen wunderschönen kleinen Frühlingsgarten, der den Sitzplatz einrahmt und auf der Terrasse auch den Raum prägt. Passend zu den weiß glasierten Gefäßen bestimmen weiße Blüten die Stimmung. Aber sie bringen auch ein bisschen Rosa und Gelb ins Spiel, um die Atmosphäre zu beleben. Wichtig sind dabei die weißen Primeln mit ihrer gelben Blütenmitte. Dieses sogenannte Auge ist beim Einkauf von Primeln übrigens ganz wichtig: Es kann sternförmig oder rundlich, gelb oder orange gefärbt sein und damit verleiht es den Primelblüten Ausdruck. Auch die großblumigen Narzissen sehen aus wie Spiegeleier und dazu gesellen sich die Blüten der überhängenden Frühlingsmargeriten. Die mehrjährige Schaumblüte flirtet in zartem Rosa mit dem Beginn der neuen Saison. Da man im Frühling auch Düfte ganz anders wahrnimmt, ergänzt der Goldlack mit seinem feinen Parfüm die Gestaltung. Die Lücken sind mit Efeu gefüllt, der locker über die Topfränder hängt und mit weiß- beziehungsweise gelb-grün gemusterten Blättern die Blütenfarben unterstützt. In jedem Topf werden die höheren Pflanzen in die Mitte gesetzt und die niedrigen nach außen, damit sie von allen Seiten schön anzusehen sind. Als Alternative zu den Primeln kann man auch weiße Vergissmeinnicht und Traubenhyazinthen verwenden.

1. Tulpe

_ *großblumiger Klassiker*

_ *niedrige Sorten für den Topf*

_ *kraftvolle Farbwirkung*

Tulpenzwiebeln werden in großer Vielfalt im Herbst angeboten. Vorgetrieben kann man die Pflanzen im Frühling kaufen, aber meist ist das Angebot eingeschränkt. Bei der Sortenwahl stehen Farbe und Blütenform im Vordergrund. Wichtig auch: die Höhe, weil die höheren Sorten nur für Töpfe geeignet sind, die windgeschützt am Boden stehen. Wichtig: im Frühjahr regelmäßig gießen, damit sich die Pflanzen gleichmäßig entwickeln.

2. Narzisse 'Tête-à-Tête'

_ *kleinblumige Osterglocke*

_ *ganz typisch für den Frühling*

_ *unbedingt knospig kaufen*

Ab Februar findet man die Töpfe mit den Narzissen im Handel. Meist zeigen sie nur die grünen Blattspitzen. Aber das ist kein Problem, denn sie entwickeln sich rasch. Auf dem Balkon ohnehin, denn hier ist es geschützt und immer ein paar Grad wärmer. Das eigene Antreiben aus Zwiebeln lohnt sich meist nicht, weil das Angebot tatsächlich breit gefächert ist. Will man die Blüten zu einem bestimmten Zeitpunkt sehen, hilft es, die bereits leicht angefeuchteten Wurzelballen mit Topf für eine halbe Minute in kochendes Wasser zu tauchen. Die Wärme lässt die Blüten und Blätter rasch sprießen und es dauert nur ein bis zwei Tage, bis sie Farbe zeigen. Nach der Blüte können die kleinen Narzissen in den Garten oder eine Baumscheibe gepflanzt werden, wo sie im folgenden Frühjahr wieder blühen.

alles aus der Zwiebel

3. Hyazinthe

_ *duftende, große Blütenstände*

_ *Blütenstiele gegebenenfalls stützen*

_ *recht dominant in einer Gestaltung*

Man unterscheidet mittlerweile zwei Formen von Hyazinthen: die klassischen, großblumigen Sorten in Blau, Violett, Rosa, Hellgelb und Weiß und die mehrstieligen, lockeren Sorten, die es in Weiß, Blau und Rosa gibt. Beide Typen haben den intensiv blumigen Duft. Für Balkonkästen und Töpfe haben sich die mehrtriebigen bewährt. Besonders empfehlenswert sind die sogenannten 'Festival'-Sorten, im Handel auch als Multiflora-Sorten angeboten. Sie bilden fünf bis sechs Stiele pro Zwiebel, die locker mit zierlichen Blüten besetzt sind. So haben sie einen wildhaften Charakter bewahrt und blühen besonders lange. Die eintriebigen Sorten sollten möglichst frühzeitig mit einem Stab Halt bekommen, weil sie sonst umkippen. Auch direkter Regen auf die Blüten sollte vermieden werden.

4. Traubenhyazinthe

_ *niedrige Blütenstände*

_ *klares Frühlingsblau*

_ *kann schon im Herbst gelegt werden*

Die Traubenhyazinthen gibt es in Blau und Weiß. Ihre Farbwirkung ist besonders intensiv, weil die Zwiebelchen in den Töpfen, die man im Frühling kaufen kann, dicht beieinanderstehen. Das sollte man auch berücksichtigen, wenn man die Zwiebeln im Herbst selbst legt. Die Pflanzen sind sehr robust und pflegeleicht. Es lohnt sich – wie bei allen Frühlingsblühern –, wenn man sie in knospigem Zustand kauft. Wer die Zwiebeln später in den Garten pflanzen will, sollte gelegentlich mit Flüssigdünger gießen, damit die Pflanzen Kraft für die nächste Saison tanken können.

und dann ab in den Garten

1. Schleifenblume

_ *schneeweiße Blütenfülle*

_ *immergrüne Blattpolster*

_ *toll zu Zwiebelblumen*

Die dunkelgrünen Polster der Schleifenblumen sind nicht mehr zu sehen, wenn die Blüten vollständig geöffnet sind. Dann erinnern die Pflanzen an strahlenden Schnee. Die Pflanzen sind mehrjährig, und damit der Wuchs kompakt und dicht bleibt, schneidet man sie nach der Blüte einmal kräftig zurück. Anschließend wird gedüngt und regelmäßig gegossen. Schleifenblumen wollen einen sonnigen, im Sommer eher trockenen Standort, sodass man sie zum Beispiel an die Füße von Obstgehölzen im Topf oder geschnittenen Liguster-Hochstämmchen pflanzen kann.

2. Frühlingsmargerite

_ *sehr große Blüten*

_ *in milden Wintern sogar ausdauernd*

_ *silbergraues Laub*

Halten Sie unbedingt Ausschau nach dieser Frühlingsblume, denn sie ist wirklich eine Bereicherung. Die Blüten halten lange und die Pflanzen sind pflegeleicht. Der Wuchs ist buschig bis überhängend und mit zunehmender Wärme breitet sich die Frühlingsmargerite aus und füllt die Lücken, die beispielsweise entstehen, wenn die ersten Zwiebelblumen verblüht sind und man sie nicht ersetzen will. Durch das fein gefiederte graue Laub wirken die Pflanzen kühl und frisch. Frühlingsmargeriten passen gut zu Vergissmeinnicht, Hornveilchen und Bellis. Nach der Blüte kann man sie kräftig zurückschneiden und auspflanzen.

3. Schaumblüte

_ *dekoratives Blattwerk*

_ *weiße Blüten mit rosafarbenem Hauch*

_ *ideal im Halbschatten*

Die Einzelblüte der Schaumblüte ist relativ klein und wirkt durch die langen nadelartigen Staubgefäße sehr duftig. Die Knospen sind rosa überhaucht, sodass ein hübsches Farbenspiel entsteht, das an die Apfelblüte erinnert. Das gefingerte Laub ist frisch grün und bildet mit seinen buschigen Horsten einen sehr schönen Blattschmuck. In einem frischen, humusreichen Substrat entwickeln sich die Pflanzen sehr gut und auf einem schattigen Balkon kann man die mehrjährigen Frühlingsblüher dauerhaft als Unterpflanzung für Hortensien und kleine Azaleen verwenden. Wenn die Horste im Laufe der Jahre hochwachsen, deckt man sie von oben mit frischer Erde ab. Sie treiben neu durch.

1. Frühlingsblüher kauft man knospig, damit man lange etwas davon hat.

2. Solange es noch kalt ist, gießt man immer nur wenig, dass die Pflanzen nicht welken. Staunässe muss verhindert werden.

3. Alle Mehrjährigen werden mit Flüssigdünger verwöhnt.

4. Verblühtes wird ausgeknipst oder mit der Schere weit unten am Stiel abgeschnitten.

4. Vergissmeinnicht

_ *besonders klares Blau*

_ *lange Blütezeit*

_ *lockerer Wuchs*

Das Vergissmeinnicht gehört zu den Zweijahresblumen. Im ersten Jahr machen sie nur eine Blattrosette und im zweiten Jahr beginnen sie direkt im Frühjahr zu blühen. Das klassische Vergissmeinnicht blüht blau, aber es gibt auch weiße und rosafarbene Sorten. Die Pflanzen sind zunächst kompakt, aber mit dem Treiben der Blüten werden sie locker verzweigt und wirken sehr natürlich. Blaue Sorten kann man gut mit anderen blauen Blüten wie Traubenhyazinthen und Blausternchen kombinieren, aber durch die kleine gelbe Blütenmitte passen immer auch gelbe Frühlingsblüher wie Primeln, Hornveilchen und Narzissen dazu. Die Pflanzen bevorzugen eine gleichmäßige Feuchtigkeit des Bodens. Wenn es im Spätfrühling warm wird, macht sich zum Teil Mehltau breit.

5. Hornveilchen

_ *die kleine Schwester des Stiefmütterchens*

_ *buschig bis überhängender Wuchs*

_ *blüht bis in den Juni*

Diese zarte Schönheit ist wirklich eine große Bereicherung in den Frühlingstagen. Sie ist robust, blüht reich und vor allem sehr lange. Die Pflanzen können in Kästen oder in Ampeln gepflanzt werden, wo sie sich zu halbkugeligen Schönheiten entwickeln. Die Farben reichen von Gelb über Orange bis hin zu Weiß, Violett, Burgunderrot und Blau. Auch zweifarbige Sorten kommen vor. Staunässe sollte vermieden werden, weil sonst die Wurzeln leiden. Die Pflanzen brauchen gleichmäßig feuchte Erde und eigentlich sind es die einzigen Frühlingsblüher, die man wirklich düngen sollte, da man mit der Nährstoffgabe die Garantie für eine sehr lange Blüte bekommt. Meist werden im Herbst schon erste Pflanzen angeboten, aber es empfiehlt sich die Frühjahrspflanzung.

6. **Primel**

_ *großblumig und farbenfroh*
_ *mit Handschuhen arbeiten*
_ *bei Frost abdecken*

Im Frühling gibt es Primeln in allen Formen und Farben. Sie haben eine Blattrosette in frischem Grün und in der Mitte die Blüten auf kräftigen Stielen. Man sollte die Pflanzen gleichmäßig feucht halten, denn auf Trockenheit reagiert die gesamte Pflanze empfindlich. Bei Frost und besonders bei länger anhaltenden Minusgraden sollten die Pflanzen mit etwas Vlies geschützt werden, damit sie nicht zu stark austrocknen oder gar erfrieren. Primeln enthalten Pflanzensäfte, die die Haut reizen. Daher ist es zu empfehlen, dass man immer mit Handschuhen arbeitet beim Pflanzen. Da die Saison für Primeln sehr lange andauert, macht es Sinn, die Pflanzen zwischen Hornveilchen und Vergissmeinnicht im Topf einzusetzen und in der zweiten Frühlingshälfte durch frische Exemplare zu ersetzen.

7. **Maßliebchen**

_ *großblumige, gefüllte Gänseblümchen*
_ *bei Wärme rasches Abblühen*
_ *hübsch für kleine Frühlingssträuße*

In den kleinen, frischgrünen Blattrosetten erscheinen die kleinen Pomponblüten vom März bis Mai. Die Pflanzen sind im Grunde anspruchslos, allerdings sollte man verhindern, dass die Pflanzen austrocknen. Man gibt, wenn es wärmer wird, wöchentlich etwas Flüssigdünger, um die Blühfreude weiter anzufeuern. Wer früh pflanzt, muss immer etwas Vlies oder auch einen Karton bereithalten, um die Maßliebchen vor Frost zu schützen. Zu den kleinen Polstern passen sehr gut Traubenhyazinthen, Vergissmeinnicht und Schleifenblumen.

Im Herbst beginnen

Zwiebelblumen, die im Frühling blühen, bekommt man ab Spätsommer in den Geschäften. Die losen Zwiebeln können sofort gepflanzt werden mit den Herbstblühern, damit man dann gleich mit steigenden Temperaturen beobachten kann, wie die Frühlingsboten aus der Erde sprießen. Für die Balkonkästen eignen sich vorzugsweise niedrige Arten und Sorten, die zwischen Februar und Mai blühen. Wichtig ist: Die Töpfe müssen vor Mäusen geschützt werden, denn für die Nager sind die Zwiebeln eine willkommene Abwechslung auf dem winterlichen Speiseplan. Man kann die Töpfe mit dichtem Hasendraht auslegen, damit Mäuse nicht an die Zwiebeln gelangen.

Stiefmütterchen werden schon im Herbst angeboten, aber man muss sagen, dass die Pflanzen gerade auf dem Balkon in den Wintermonaten leiden, es sei denn, man pflanzt sie zwischen Kleingehölze wie Buchsbaum und Efeu.

Frostschutz sollte man immer bereithaben. Für Kästen am besten eine doppelte Bahn Vlies, das man mit Wäscheklammern am Kasten befestigt. Für Kübel kann man Pappkartons nehmen. Damit sie nicht die Blumen beschädigen, steckt man drei Stäbe in die Erde, die den richtig Abstand zwischen Pflanze und Karton sichern.

Die Erde in Kästen und Kübeln kann man für die Frühlingsbepflanzung nochmals aufbereiten. Hierzu nimmt man entweder eine frische Blumenerde (ohne Langzeitdünger) oder reife Komposterde. Dieses wird zusammen mit ein wenig Volldünger (z. B. Grünkorn) unter die Erde gemischt. So wird die Wasserhaltefähigkeit verbessert und die Pflanzen bekommen genügend Nährstoffe. Der Verbrauch ist aber im Frühling nicht so hoch.

5 Tipps zum Pflanzen von Zwiebeln

1. Die Blumenzwiebeln kauft man lose oder in durchsichtigen gut belüfteten Netzen.

2. Die Zwiebel muss zwei bis drei Mal so tief liegen, wie sie hoch ist. Also eine 2 cm hohe Narzissenzwiebel sollte 4 bis 6 Zentimeter tief im Topf liegen.

3. Eine dünne Sandschicht unter den Zwiebeln verhindert, dass die Blumenzwiebeln zu nass stehen und die Wurzeln faulen. Ansonsten sind Blumenzwiebeln bezüglich Substrat relativ anspruchslos.

4. Die Abstände sollten mindestens einen Finger breit sein. Großblumige Hyazinthen und Tulpen setzt man in weiteren Abständen.

5. Winterschutz ist im Grunde nicht erforderlich. Hasendraht hält aber hungrige Nager ab.

Mit Accessoires gestalten

Mit Farbe wird im Frühling so richtig geklotzt, denn sie ist jetzt einfach wichtig, um wieder Schwung und Energie zu tanken. Die Blütenpracht ist aber noch spärlich und entwickelt sich erst, wenn es tatsächlich wärmer wird. Dieser natürliche Vorgang ist nicht zu beschleunigen, aber man kann mit Farbverstärkern arbeiten. Hierbei helfen in erster Linie alle Accessoires, die man verwendet: Von den Möbeln über die Gefäße bis hin zu Decken, Kissen und Kerzen. Gefragt und immer passend ist ein frisches Grün, wie der Kasten im Bild oben. Das ist das typische Frühlingsgrün, das den Blattaustrieb der Bäume und Sträucher widerspiegelt. Um die Farben der Knospen zu unterstreichen, kann man aber auch gerade mit Ton-in-Ton-Gestaltungen die zarten Andeutungen bestärken. Da kann man auch einfach mal mit Bändern in der Pflanzung oder farbigen Tonkinstäben arbeiten, die später überflüssig werden, weil die Blüten selbst den Ton angeben. Wer die Entstehung der Buntheit einer Bepflanzung unterstreichen will, arbeitet mit Komplementärfarben. Ein orangegelber Kübel bringt zunächst Sonne auf den Balkon. Die blauen Knospen von Traubenhyazinthen und Vergissmeinnicht halten sich zurück und erhalten später Strahlkraft durch den Gegensatz zum Gefäß.

kraftvolles Farbenspiel

Naschen erwünscht
Bunt & lecker

Gemüse hat sich auf dem Balkon einen festen Platz erobert. Oder ernten Sie noch keine Tomaten, Zucchini oder Mangold aus den Kästen und Kübeln? Dann probieren Sie es doch einfach mal aus. Die Sorten für die Topfkultur sind unkompliziert und versprechen reiche Ernte. Und damit man nicht bis zum Hochsommer auf die kraftvollen Farben von Paprika & Co. warten muss, gesellen Sie dazu Sommerblumen, die die Sonne lieben.

Ein Schmaus für alle Sinne

1. Rote Fruchtparade

_ *zum Sattwerden*

_ *Bohnen als Wandverkleidung*

_ *Gefäße als Farbverstärker*

Ein großer Topf mit einem gedrehten Metallstab bietet der Tomatenpflanze Halt, um ihre köstlichen roten Früchte in der Balkonsonne reifen zu lassen. An den Füßen verhindert ein Husarenknöpfchen in Gelb starke Verdunstung. Ansonsten kann man auch Paprika und Basilikum von den Töpfen auf dem Tisch ernten. An der Wand im Hintergrund macht sich eine Feuerbohne breit.

2. Krauses Laub mit Farbe

_ *kontrastreiche Farben*

_ *für den Singlehaushalt zum Ernten*

_ *mit sommerlichen Dauerblühern*

Buntstieliger Mangold und grüner Pflücksalat machen Lust auf einen kleinen Salat. Von der Menge reicht das aus, damit man auch auf dem Sandwich immer mal was Frisches zu beißen hat. Damit die Optik nicht zu kurz kommt, schmücken Zauberglöckchen in Terrakotta, Rot und Gelb die Zwischenräume. Wenn alles zu dicht wird, kann man auch einfach mal ein paar Triebe zurückschneiden.

3. Sommersonnen

_ *die Blütenform als Motto*

_ *hohe Sonnenblumen als Sichtschutz*

_ *für den Urlaubsbalkon*

Auf diesem Balkon steht alles im Zeichen der Sonnenblumen. Der gemütliche Korbstuhl wird flankiert von zwei hohen Töpfen mit großen, verzweigten Sonnenblumen. Bei diesen mehrtriebigen Sorten (hier zum Beispiel 'Ring of Fire') ist es wichtig, dass man Verblühtes immer abschneidet und so die Knospenbildung anregt. Weiterhin sind im Kasten und in den Töpfen Sonnenblumen der nur 35 cm hoch werdenen Sorte 'Big Smile'. Die Form der Sonnenblumenblüte kommt auch bei anderen Pflanzen vor – so zum Beispiel bei dem Goldzweizahn in der Ampel und dem Dukatentaler unten rechts. Dieses Formenspiel gibt der Gesamtgestaltung Zusammenhalt und kann durch mehrjähriges Sonnenauge, einjähriges Husarenknöpfchen und orangefarbene Kosmeen ergänzt werden. Bei den Sonnenblumen ist es wichtig, dass sie in eine nährstoffreiche Erde gepflanzt werden und der Wurzelraum ausreichend groß ist, damit sich die Pflanzen mit ihren großen Blättern gut mit Wasser versorgen können. Die Sonnenblumen im Kasten wird man ein oder zwei Mal in der Saison austauschen.

1. Husarenknöpfchen

_ *buschig überhängende Pflanze*
_ *reichblühend und gesund*
_ *gut für Lücken im Kasten und Ampeln*

Diese kleine Sommerblume fügt sich spielend in eine Bepflanzung ein. Es gibt sie in verschiedenen Wuchsstärken. Auch die Farbe der Blütenmitte variiert von dunklem Gelb bis frischem Grün. Die Pflanze blüht unermüdlich und erweist sich dabei als relativ anspruchslos. Man muss ihr nur ausreichend Platz lassen, damit sie genügend Raum zum Wurzeln hat und immer gut mit Wasser und Nährstoffen versorgt ist.

2. Sonnenblume

_ *ganz viele verschiedene Sorten*
_ *kann man leicht aus Samen ziehen*
_ *auch für halbschattige Plätze*

Will man die hohen Sonnenblumen auf dem Balkon haben, so braucht man tatsächlich große Gefäße. Die einjährigen Sommerblumen bilden ein weit verzweigtes Wurzelsystem und brauchen ein gutes Reservoir, um die mächtigen Stiele wachsen zu lassen und Blattwerk sowie Blüte später auch optimal zu versorgen. Richtig viele Blüten bilden vor allem die verzweigten Sorten, z. B. 'Hohe Riesen'. Da ist die Freude an den Blüten entsprechend lange, weil immer neue Knospen nachwachsen. Vor allem bei den niedrigen Sonnenblumen-Sorten wie 'Pacino' und 'Teddybär' sät man in zwei- bis dreiwöchigen Abständen, damit man Nachschub hat, wenn der erste Satz verblüht ist.

da geht die Sonne auf

3. Goldzweizahn

_ *wunderschön in der Blumenampel*
_ *reichblühend*
_ *hoher Nährstoffbedarf*

Diese Pflanze könnte wirklich aus dem Märchen von Sterntaler stammen, denn die Triebe mit den sternförmigen Blüten ergießt sich den ganzen Sommer auf dem Balkon und die Büsche werden zusehends größer. Daher muss man der Pflanzung auch unbedingt ausreichend Platz einplanen, sonst wird es schnell zu eng und die Nachbarn werden bedrängt. Natürlich braucht so viel Pracht auch reichlich Wasser und Nährstoffe, wenngleich die Pflanze ein kurze Trockenperiode auch problemlos übersteht. Gegebenenfalls kann man vor dem Urlaub so eine Pflanze auch einfach mal etwas zurückschneiden, um den Bedarf zu drosseln. Während der Abwesenheit legt die Pflanze natürlich auch wieder zu, sodass der Eingriff rasch überwachsen wird. Als Standort bieten sich Sonne und Halbschatten an.

4. Zauberglöckchen

_ *die kleine Schwester der Petunie*
_ *in Lila, Gelb, Terrakotta, Pink und Rot*
_ *wind- und regengeschützter Standort*

Manchmal sind sie unter dem Namen »Million-Bells« zu finden, manchmal als »Zauberglöckchen« im Angebot – aber immer ist es die gleiche Pflanzengruppe, die der kleinblumigen Petunien. Sie sind zierlich und passen daher gut in kleinere Situationen. Neben der Farbenvielfalt gibt es auch gefüllte Sorten. Wichtig für die Pflege dieser Sommerblumen, die im Kasten wie auch zur Unterpflanzung von Hochstämmchen und in Ampeln eine gute Figur machen, ist die Vermeidung von Staunässe; sie behindert die gesunde Entwicklung. Wie bei vielen Petunien ist auch bei den Zauberglöckchen Eisenmangel immer wieder ein Problem. Man kann es verhindern, indem man ein Substrat für Surfinia-Petunien verwendet und monatlich einmal einen Eisendünger zum Gießwasser gibt.

5. **Männertreu**

_ *verschiedene Wuchsformen*

_ *sehr reines Blau*

_ *macht im Hochsommer Pause*

Zum einen gibt es kompakt wachsende und zum anderen locker überhängend wachsende Sorten vom Männertreu, das vor allem wegen seiner klaren Blautöne sehr beliebt ist. Bei den kleineren ist es ganz typisch, dass sie im Juli aufhören zu blühen. Jetzt muss ein Rückschnitt erfolgen, damit sie wieder neu durchtreiben. Bei den hängenden Sorten für Ampeln klappt es zum Teil gut, dass sie durchblühen. Wichtig: Der Standort sollte nicht sonnig heiß sein und das Substrat gleichmäßig feucht gehalten werden.

6. **Elfenspiegel**

_ *überhängender Wuchs*

_ *reichblühend*

_ *gleichmäßige Feuchtigkeit wichtig*

'Sunsatia' nennt sich diese Gruppe von Elfenspiegel, die im Vergleich zu der auf Seite 66 f. vorgesellten Art deutlich größere Blüten hat und mit kraftvollen Farben von Gelb über Orangerot bis Kirschrot aufwartet. Es gibt auch weiß blühende, die eine feine Zeichnung in der Blütenmitte haben. Sie wachsen und blühen gleichmäßig und sind auch im Wuchs wesentlich robuster. Elfenspiegel liebt warme Plätze ohne Zugluft. Sonnig bis halbschattig sollte der Standort sein. Wichtig ist, dass die Wurzeln nicht dauerhaft nass stehen.

7. Ringelblume

_ *dankbare Topfpflanze*

_ *kann man mit Kindern aus Samen ziehen*

_ *essbare Blüten*

Diese anspruchslosen Sommerblumen entwickeln sich rasch aus Samen. Diese steckt man mithilfe eines Pikierholzes direkt in die Erde, wo sie rasch keimen. Im Sortenspektrum gibt es auch zarte Gelb- und Apricottöne sowie gefüllte und einfache Blüten. Regelmäßiges Gießen und Düngen gehört zur Pflege ebenso wie das Ausputzen der welken Blütenstände. Dabei geht es weniger um die Ästhetik, sondern vielmehr darum, dass die Blütenfülle erhalten bleibt und die Kraft nicht in die Samenbildung geht. Erst gegen Ende der Saison lässt man einige Samenstände ausreifen und hat gleich ausreichend Material für die nächste Saison.

Essbare Blüten vom Balkon

1. Eine ganze Reihe von Sommerblumen haben essbare Blüten, die nicht nur schön aussehen, sondern auch toll schmecken.

2. Die Blüten von Ringelblumen passen hervorragend zu bunten Sommersalaten, sie verzaubern Dips und sind der Farbklecks in der Kräuterbutter.

3. Kapuzinerkresse schmeckt würzig scharf. Die Knospen kann man mit Essig als falsche Kapern einlegen.

4. Bei den Kräutern kann man die Blüten von Schnittlauch, Lavendel, Borretsch und Thymian sowie Salbei verwenden.

5. Blüten sollten morgens geerntet werden. Sie halten sich gut im Kühlschrank. Man spült sie mit Wasser ab und trocknet sie vorsichtig mit einem Leinentuch.

1a Buschtomate

_ *vielseitiges Gemüse*
_ *braucht viele Nährstoffe*
_ *bevorzugt an vollsonnigen Plätzen*

Kein Gemüse hat den Balkon so stark erobert wie die Tomate. Bei der Buschtomate handelt es sich um strauchig wachsende Sorten, die mittelgroße bis große Früchte tragen. Sie werden zwischen 80 und 100 cm hoch, wobei der Haupttrieb an einem stabilen Stab in die Höhe geleitet wird. Eine hochwertige Tomatenerde, die reichlich Dünger für das Gemüse enthält, ist ebenso wichtig wie ein großer Topf. Für eine ausreichende Standfestigkeit sollte er einen Durchmesser von mindestens 30 cm und eine Höhe von ca. 40 cm haben. Das klassische Ausgeizen der Seitentriebe entfällt bei diesen Sorten.

1b. Kirschtomate

_ *für Kästen und Ampeln*
_ *sehr aromatische Früchte*
_ *neben rotschaligen gibt es auch gelbe*

Sie heißen 'Tumbling Tom', 'Balkonstar' und 'Yellow Pear', die Früchte sind klein und reifen den ganzen Sommer über an dekorativen Rispen. Die Kirschtomaten eignen sich perfekt für den Balkonkasten. Hier sollte der Abstand zu den benachbarten Pflanzen ausreichend groß sein. Sie gedeihen prächtig, wenn sie in eine Tomatenerde gepflanzt werden. Wer eine normale Blumenerde verwendet, versorgt die Pflanzen in der Saison wöchentlich mit Tomatendünger, der dem Gießwasser zugesetzt wird. Wichtig ist für alle Tomaten auf dem Balkon ein sonniger Standort, damit die Früchte gut reifen. Verstecken sich die Rispen jedoch unter dem Blattwerk, dann knipst man es einfach ab.

2. Zucchini

_ *besondere Sorten für den Balkon*
_ *Blüten kann man auch essen*
_ *für große Gefäße*

Man braucht kaum mehr als zwei Pflanzen, um ausreichend Zucchini vom Balkon ernten zu können. Wichtig ist, dass sie einzeln in einem großen Topf wachsen. Wer nicht ständig zum Gießen zu Hause ist, achtet beim Gefäß zusätzlich auf einen Wasserspeicher, damit sich die Pflanzen auch bei Hitze gut selbst versorgen können. Im April fällt der Startschuss für die Aussaat. Alternativ werden im Handel fertige Pflanzen ab Mai angeboten. Die Triebe werden an kräftigen Stäben oder einem Spalier hochgebunden. Ab Juni kann man meist die ersten Zucchini ernten.

3. Pflücksalat

_ *ideal zwischen Balkonblumen*
_ *geringer Nährstoffbedarf*
_ *für die eigene Aussaat*

Salat und Singlehaushalt stehen gerne in einem Widerspruch. Entweder man hat keinen eingekauft oder weiß nicht, wie man einen ganzen Kopf bewältigen soll. Die Lösung wächst auf dem Balkon und heißt Pflücksalat. Bei diesem Salat werden immer nur die äußeren Blätter geerntet. Pflücksalat kann man selbst aussäen oder als Jungpflanzen im 10er-Pack günstig kaufen. Die Setzlinge werden einfach zwischen die Balkonpflanzen gesetzt. Im Frühsommer kommt es vor, dass sich Läuse ausbreiten. Diese kann man mit einem kräftigen Wasserstrahl von den Blättern waschen.

Ernte vom Balkon

4. Aubergine

_ *für warme Plätze*

_ *dekorative Früchte*

_ *verschiedene Fruchtformen*

Zum Grillen ist dieses Sommergemüse geradezu ideal, und wenn man einen sonnig heißen Balkon hat, kann man sich die länglichen Früchte tatsächlich selbst anziehen. Eine Pflanze reicht, um den Bedarf im Sommer zu decken. Ideal sind Sorten, die für die Topfkultur geeignet sind wie 'Baby Rosanna' und 'Bambino' mit golfballgroßen Früchten und 'Mohican', die durch die weißschaligen Früchte auffällt. Grundlage für den Erfolg sind ein nährstoffreiches Substrat für Fruchtgemüse und eine gleichmäßige Feuchtigkeit. Als Dünger eignet sich beispielsweise Tomatendünger. Die wärmeliebenden Pflanzen sollte man nicht zu früh im Freien kultivieren. Die Büsche werden im Topf gut einen halben Meter hoch. Die Blüten sind recht unscheinbar und ab Juli beginnt die Ernte.

5. Paprika & Chili

_ *vielseitiges Gemüse und Gewürz*

_ *hoher Nährstoffbedarf*

_ *Substrat mit gutem Wasserspeicher*

Die Sortenvielfalt ist bei Paprika etwa mit der Tomate vergleichbar. Neben den Unterschieden im Aussehen ist die Schärfe unterschiedlich stark ausgeprägt. Sie geht nicht immer mit der Fruchtgröße einher. Es gibt auch kleine Paprikas, die mild und fruchtig schmecken. Die Früchte sind besonders reich an Vitamin C. Die vielen Sorten findet man entweder in Saatgutkatalogen oder in Spezialbetrieben, die häufig auch auf Gartenmärkten vertreten sind. In der Kultur ist der Paprika ähnlich den Tomaten und Auberginen: Wärme, Sonne, viele Nährstoffe und gleichmäßige Feuchtigkeit sind das Erfolgsrezept für eine gute Ernte. Die Größe reicht von 40 bis 70 cm für die Einzelpflanze. Kleinfruchtige Sorten eignen sich gut für eine kräftig leuchtende Herbstbepflanzung.

6. Kartoffel

_ *zum Ausprobieren mit Kindern*
_ *spezielle Töpfe für die laufende Ernte*
_ *vom Frühling bis zum Sommer*

Es klingt ein bisschen kurios, aber es funktioniert. Man kann Kartoffeln auf dem Balkon ziehen. Es sollten möglichst kleinknollige Sorten, wie Drillinge, sein, damit sie gut wachsen. In einem hohen Topf mit einer hochwertigen Erde für Tomaten werden die Kartoffeln gelegt. Im Frühling legt man die Setzkartoffeln weit unten auf eine etwa handbreite Schicht mit Substrat und füllt etwa 20 cm Substrat darüber. Wenn die Triebe durchgewachsen und etwa 10 cm hoch sind, füllt man wieder etwas Erde nach und wiederholt dieses, bis der Topf voll ist. Wenn man einen Kartoffeltopf hat, der eine Öffnung zum Beobachten des Knollenwachstums hat, dann kann man zuschauen, wie die Knollen wachsen. Nach gut drei Monaten kann man die Kartoffeln ernten.

7. Radieschen

_ *zum Aussäen im Frühling*
_ *Anzucht in Etappen*
_ *ideal für Balkonkästen*

Im Frühling hat man meist noch viele leere Kästen. Jetzt kann man mit Kindern in diesen Gefäßen Radieschen ziehen. Dazu füllt man Erde in den Kasten und zieht der Länge nach zwei Rillen in das Substrat. Nun die kleinen Samenkörner mit einigen Zentimetern Abstand verteilen, mit Erde abdecken und andrücken. Wenn es noch sehr kalt ist, deckt man den Kasten mit Vlies ab. Nach einigen Tagen zeigen sich die Keimblätter. Jetzt sieht man auch, ob die Pflanzen sehr dicht stehen, und kann sie gegebenenfalls vereinzeln, also einfach herausziehen. Nun wachsen die Radieschen, bis das Vlies unbedingt abgenommen werden muss. Regelmäßiges Gießen ist förderlich. Bald sieht man den Ansatz der roten Knollen in der Erde und dann kann man sich zum Schnittlauchbrot einige ernten.

1. Radieschenquark

_ *schnell gemacht*

_ *erfrischende Schärfe*

_ *als Dip oder zu Pellkartoffeln*

Für ein halbes Pfund Quark zieht man etwa 5 bis 8 Radieschen und wäscht sie. Nun die Radieschen in dünne Stifte schneiden und unter den Quark rühren. Mit Meersalz und etwas frisch gemahlenem Pfeffer abschmecken. Wer frischen Schnittlauch oder Kresse hat, kann noch etwas Kräuterwürze ergänzen. Der Quark schmeckt auf frischem Brot ebenso gut wie zu Pellkartoffeln und Ofengemüse. Nimmt man einen fettarmen Quark, ist er sogar für eine Frühlingsdiät geeignet.

2. Zucchinichips

_ *gesundes Naschwerk zum Aperitif*

_ *für spontane Gäste*

_ *sehr ergiebig*

Im Sommer gibt es Zucchini in rauen Mengen. Auflauf, Suppe, Salat, Ratatouille – das Gemüse ist ein Multitalent. Sogar Chips kann man daraus zubereiten. Es geht relativ schnell und ist eine tolle Alternative zu Kartoffelchips aus der Tüte. Dazu werden die Zucchini in dünne Scheiben geschnitten und auf Küchenpapier gelegt. So wird die Feuchtigkeit reduziert. Man lässt die Scheiben etwa eine Stunde ruhen. Anschließend kommen sie, mit etwas Salz, Paprika und Pfeffer gewürzt, auf ein Backblech und für 40 Minuten bei 220 °C in den Ofen. Etwas gehaltvoller und auch deutlich knuspriger sind die Chips, wenn man die leicht feuchten Scheiben direkt in einer Mischung aus Parmesan, Pfeffer und Mehl wälzt und in heißem Öl für drei bis fünf Minuten ausbackt. Auf Küchenpapier abtropfen lassen.

Wenn die Ernte gut ausfällt

Man muss nicht unbedingt einen grünen Daumen haben, damit die Ernte tatsächlich gut ausfällt. Gesunde Pflanzen, eine optimale Witterung und regelmäßige Pflege reichen aus, damit man sich den Sommer über mit Tomaten, Zucchini und jeder Menge Salat selbst versorgen kann.

Einkochen ist die klassische Methode, um die Früchte des Sommers für den Winter zu konservieren, aber auf dem Balkon wird man selten so viel Überschuss haben, dass man in Gläser einmacht. Sollte es ein üppiges Zucchini-Jahr sein, kann man die Früchte waschen, klein würfen und mit Chili, Zwiebel und Knoblauch in Gläser legen. Alles wird mit sehr heißem Essigsud übergossen. Sofort mit dem Deckel verschließen.

Trocknen hat sich bei Kräutern bewährt. Dazu werden im Sommer immer wieder kleine Sträußchen geschnitten und zusammengebunden. Ein luftiges, schattiges Plätzchen ist ideal, damit das Wasser aus dem Gewebe verdunstet und die feinen Aromen für den Winter bewahrt werden. Besonders gut kann man Rosmarin, Salbei, Ysop und Thymian sowie Majoran und Oregano trocknen. Weniger gut hält sich der Geschmack bei Schnittlauch, Basilikum und Kerbel.

In Salz konserviert, halten sich ebenfalls Kräuter gut. Wer nicht so viele Kräuter hat, um Sträußchen zu binden, kann immer mal ein paar Spitzen abschneiden und sie in ein Glas mit grobem Meersalz geben. Duftende Rosenblüten kann man übrigens in Zucker konservieren.

Einfrieren ist ideal, um kurzfristig Übermengen vor dem Verderben zu retten. Erdbeeren, Mangold und Kräuter eignen sich gut. Allerdings sollte man die Köstlichkeiten nicht zu lange lagern, weil sie sonst nicht mehr schmecken.

Jetzt wird geerntet

1. Fruchtgemüse wird geerntet, wenn die Früchte am Morgen abgetrocknet sind.
2. Wenn sich die Frucht nicht löst, mit einem Messer nachhelfen.
3. Blattgemüse sollte zunächst etwas Morgensonne haben, bevor man erntet.
4. Nach einem Sonnentag sind die Früchte aromatischer.
5. Droht Regen, reife Früchte unbedingt ernten, sonst platzen sie.

Kübelpflanzen & mediterrane Pflanzen
Wie im Süden

Kübelpflanzen bringen ein südliches Flair auf den Balkon. Das Gefühl von Sommer und Urlaub wird von Lavendel, Geranien und Co., die man aus mediterranen Regionen kennt, unterstrichen. Das Besondere an Kübelpflanzen ist nicht nur die Größe, sondern auch die Möglichkeit der Überwinterung in kühlen Räumen. Vom Standort passen die mediterranen Sommerblumen sehr gut, zumal sie auch hinsichtlich der Pflege ganz ähnliche Ansprüche stellen.

1

Lust auf Sommer, Sonne und mehr

2

3

1. Duft der Provence

_ *Leichtigkeit für kleine Balkone*
_ *dezent im Duft*
_ *zurückhaltend in der Farbgebung*

Die blauen Felder des Lavendels prägen das Landschaftsbild der Provence. Daher ist der Lavendel auch zum Symbol des Südens geworden. Er wächst im Hintergrund in diesem Kasten, und selbst wenn die blauen Rispen längst verblüht sind, kann man durch Berührung der Triebe den Duft entlocken. Beidseitig wird der Lavendel von zwei gefüllten Geranien gesäumt und in der Mitte lockern Kräuter die Bepflanzung auf. Die Kombination ist gewiss nicht spektakulär, aber sie reicht gut aus, um in Ferienstimmung zu kommen. Gleichzeitig ist sie pflegeleicht, denn die Pflanzen lieben es heiß und überstehen auch einen Tag ohne Wasserzufuhr.

2. Mobile Töpfe

_ *Hochstämmchen für das Raumgefühl*
_ *mit bunt bepflanzten »Füßen«*
_ *für vollsonnige Plätze*

Weiß blühender Nachtschatten, blauer Enzianstrauch und ein Olivenbäumchen, jeweils als Hochstamm gezogen, ergänzen sich wunderbar. Ihre »Füße« sind mit Petunien, Zauberglöckchen und Geranien bepflanzt, um die blumige Note zu unterstreichen. Die Wiederholung der Blütenfarben gibt Zusammenhalt. Zum Winter wird die Unterpflanzung entfernt und die Hochstämmchen kommen an einen frostfreien Platz im Keller oder Hausflur. Will man die schweren Tontöpfe nicht tragen, stellt man die Pflanzen im leichten Plastiktopf in das Terrakottagefäß.

3. Verwandlungskünstler

_ *ein Blickfang mit Zuwachs*
_ *Farben wie Eiscreme*
_ *zum Überwintern*

Das Wandelröschen ist eine robuste Kübelpflanze, die durch ihre meist zweifarbigen Blütenstände abwechslungsreich ist. Sie hat kleine halbkugelige Blütenstände, die zunächst hellgelb sind und sich im Verblühen hellrosa färben. Diese Farbenspiel wird mit den Zauberglöckchen fortgesetzt, denn die rosafarbenen Blüten verblassen deutlich, bevor sie welken und abfallen. Da das Gefäß einen großen Durchmesser hat, bleibt sogar noch Platz für den burgunderroten Blattschmuck der Dreimasterblume. Die Triebe wachsen überhängend in die Länge und man kann sie durchaus stutzen, wenn sie zu lang werden. Von den Farben erinnert die Kombination an einen großen Eisbecher in den Geschmacksrichtungen Vanille, Erdbeere und Waldfrucht, so wie es sich für einen Sommer in Italien gehört. Dazu kann man beispielsweise mediterrane Kräuter wie den Thymian im Bild hinten links stellen oder auch andere Pflanzen in Pastelltönen wie Elfenspiegel, Kapuzinerkresse und Ringelblumen mit pastellfarbenen Blüten und Elfensporn kombinieren. Der Blickfang erweist sich als Dauerblüher und man sollte nur darauf achten, dass das Wandelröschen keine Früchte bildet. Dazu werden alte Blütenstände abgeschnitten oder ausgeknipst.

1. Stehende Geranien

_ *für vollsonnige Standorte*
_ *verträgt Trockenheit*
_ *leicht zu überwintern*

Sie führen die Liste der beliebtesten Balkonpflanzen an und dennoch werden sie häufig als unmodern und verstaubt angesehen. Die Beliebtheit hat einen entscheidenden Grund: Geranien vertragen Trockenheit. Mehr noch: Sie brauchen unbedingt einen trockenen Wurzelballen, um ihre Schönheit zu entfalten. Daher sollte man auch nicht zu früh im April den verlockenden Angeboten beim Discounter nachgeben, denn gerade in diesen

Wochen machen Kälte und Nässe den Pflanzen richtig zu schaffen. Natürlich kann man auch verstehen, dass man sich Abwechslung wünscht. Auch da enttäuschen die Geranien nicht, denn neben den Klassikern mit ihren ballförmigen Blütenständen in Pink, Rosa und Weiß gibt es zweifarbige, elegante Burgundertöne und Sorten mit einem natürlichen Charme. Geranien – ganz gleich ob stehende oder hängende Sorten – benötigen einen sonnigen Platz mit nährstoffreicher Erde, denn die üppige Blütenbildung kostet natürlich viel Kraft. Man gießt alle zwei bis drei Tage – grundsätzlich aber nur, wenn man gefuhlt hat, dass die Erde tatsächlich ausgetrocknet ist. Welke Blütenstände werden ausgebrochen, damit sich die neuen wieder dekorativ entfalten. Die Zuverlässigkeit der Blüte und die Gesundheit dieser Balkonblumen sollte man nicht unterschätzen und durch die Kombination mit Lakritzkraut, Zauberglöckchen und Kletterndem Jasmin eine pfiffige, moderne Note ins Spiel bringen.

mediterrane Klassiker

2. Currykraut

_ *zum Füllen der Lücken*

_ *anspruchslos*

_ *würzige Blätter*

Die feinen silbrigen Strukturen der nadelartigen Blätter wirken auflockernd zwischen großen, kompakten Blütenbüschen. Streicht man mit den Händen über die Pflanze, so nimmt man den feinen Duft von Curry wahr, der für die mediterrane Macchia typisch ist. Wer Currykraut in der Küche verwenden will, sollte es immer nur kurz mitkochen, da es anderenfalls bittere Geschmacksnoten fördert. Currykraut braucht einen durchlässigen, nicht zu feuchten Boden, damit es gut wächst. In einem warmen Sommer bilden sich auch die kleinen goldgelben Blüten, die in dichten Doldentrauben stehen. In milden Jahren ist das Currykraut winterhart. Es gehört zu den Strohblumen wie das Lakritzkraut. Letzeres hat rundliches Laub und die Triebe stehen sparrig bis leicht überhängend ab.

3. Gelbe Margerite

_ *frische Farbe*

_ *dekoratives Laub*

_ *Blüten regelmäßig entfernen*

Margeriten werden als kleine Topfpflanzen, Hochstämmchen und kugelige Büsche meist schon im Frühling angeboten. Sie sind vorgetrieben und stehen in voller Blüte. Sind die ersten Blüten welk, wird es schwierig, sie wieder so schön in Blüte zu bekommen. Zum einen ist das Wachstum bei den kühlen Frühsommertemperaturen noch verhalten. Zum anderen ist es wichtig, dass man welke Blüten, die man am besten daran erkennt, dass die gelbe Blütenmitte dunkel wird, ausputzt. Man schneidet den Blütenstiel bis zum ersten Blatt herunter, so wird die Knospenbildung angeregt. Gleichmäßige Feuchtigkeit und eine gute Nährstoffzufuhr sind ebenso von Bedeutung. Neben der gelbblühenden Form gibt es den weißblühenden Klassiker, rosafarbene Sorten und solche mit gefüllten Blüten.

die ganze Pracht des Südens

1. Lavendel

_ *mehrjähriger Halbstrauch*

_ *lilablaue Blüten im Juni und Juli*

_ *duftendes Laub*

Was wäre die Provence ohne Lavendel? Dieser duftende Halbstrauch erinnert an Urlaub, Sonne und Mittelmeer. Die Blütenrispen erscheinen im Juli für gut vier Wochen. Anschließend trocknen sie und können abgeschnitten werden. Um den kompakten Wuchs zu fördern und ein Vergreisen der Triebe zu verhindern, schneidet man Ende Juli die Büsche kräftig zurück. Immer öfter wird neben dem klassischen Lavendel der Schopflavendel angeboten, der größere Blütenstände hat. An ihren Enden stehen längliche Hochblätter in einem Schopf zusammen. Er ist deutlich frostempfindlicher und der Duft ist im Vergleich etwas schwächer.

2. Zitronenstrauch

_ *Halbstrauch mit zarten Blüten*

_ *aromatisches Laub*

_ *Pflanze des Verveine-Tees*

Streift man mit den Händen durch das Blattwerk des Zitronenstrauchs, dann entfaltet sich der feine Duft. Die Blätter bilden die Grundlage für den auch als Eisenkraut bekannten Verveine-Tee. Der Wuchs ist kräftig und die Triebe verholzen schnell. An den Enden entstehen die zarten Blütenstände. Durch regelmäßiges Ernten von Triebspitzen bleibt der Wuchs kompakt. Zum Überwintern eignet sich ein frostfreier, dunkler Platz. Wenn man den Ballen nicht austrocknen lässt, treibt die Pflanze im Frühling am Licht wieder kräftig aus.

3. Wandelröschen

_ *verschiedene Wuchsformen*

_ *Dauerblüher*

_ *pflegeleicht*

Der Name beruht auf der sich verändernden Blütenfarbe im Laufe des Auf- und Verblühens. So mischen sich die Blütenfarben in einer Pflanze. Wandelröschen gehören zu den üppigen Dauerblühern auf dem Balkon. Sollte die Blühfreude doch mal nachlassen, dann knipst man die Fruchtstände ab und innerhalb von wenigen Tagen wachsen neue Knospen an den Triebenden. Eine Pflanze, die so üppig blüht, braucht entsprechend viel Dünger. Am besten gibt man im Frühling ein Produkt mit Langzeitwirkung, damit die Kübelpflanze gut versorgt ist. Wenn die ersten Nachtfröste drohen, rückt man die Pflanze dicht ans Haus und lässt den Ballen etwas abtrocknen. Anschließend kann man sie im kühlen, lichten Hausflur überwintern.

1. Zur Unterpflanzung von Hochstämmchen immer überhängend wachsende Pflanzen auswählen.

2. Besonders schön sind beispielsweise Blaues und Spanisches Gänseblümchen.

3. Pro Hochstämmchen maximal drei Töpfchen pflanzen.

4. Die Unterpflanzung benötigt zwar etwas mehr Dünger und Wasser, aber sie verhindert eine starke Verdunstung.

4. Schmucklilie

_ *hohe Blütenstände*

_ *pflegeleicht*

_ *leicht zu überwintern*

Aus dem dichten Büschel mit riemenförmigen Blättern wachsen im Laufe des Sommers die kräftigen Stiele mit den leuchtend blauen Blütenständen. Diese können schon mal gut einen Meter hoch werden. Am besten blüht die Schmucklilie eigentlich, wenn man das Gefühl hat, die Pflanze müsste dringend umgetopft werden. Daher sollte man damit möglichst lange warten. Und wenn man schließlich umtopft, dann teilt man seitlich mit einem Spaten oder einer Säge Teilstücke ab, die man verschenken kann. Das kräftige Mittelstück wird wieder in den alten Topf mit frischem Substrat getopft. Im Winter stellt man die Pflanze frostfrei und dunkel auf. Die Blätter sterben dann ab, aber sie treiben im Frühling wieder frisch aus. Dann gibt man auch eine Portion Langzeitdünger, damit die Blüte üppig wird.

5. Mandevilla

_ *große Blüten*

_ *kletternder Wuchs*

_ *anspruchslos*

In den letzten Jahren ist die Mandevilla wieder richtig in Mode gekommen. Eigentlich war sie bei uns als Zimmerpflanze bekannt. Das ist ein entscheidender Hinweis auf die Überwinterung, die auf der Fensterbank problemlos klappt. Im Frühling, wenn kein Frost mehr droht, kann sie wieder ins Freie. Die großen Trichterblüten erscheinen zahlreich, wenn es richtig schön warm ist. Es gibt Sorten in Weiß, Rosa und Himbeerrot sowie Hellgelb. Das Laub ist glänzend dunkelgrün und von einer sehr festen Substanz. Daher können die Pflanzen, die ihre Triebe windend an Rankgerüsten in die Höhe schieben, kurze Trockenperioden problemlos überstehen. Gepflanzt wird sie am besten mit Topf in einen Kübel, dann kann man sie leicht zum Überwintern ins Haus holen. Im Frühling wird dann umgetopft.

6. Kletternder Nachtschatten

_ *zum Klettern und Hängen*

_ *weiße, nicht duftende Blüten*

_ *für die pralle Sonne*

Die Pflanze bildet zahlreiche lange Triebe. Meist werden sie an Rankgerüsten aufgebunden, aber man kann sie auch einfach überhängend im Kasten oder in der Ampel wachsen lassen. Wird der Schopf mal lästig, ist ein Rückschnitt problemlos möglich. Der Kletternde Nachtschatten bevorzugt einen sonnigen bis halbschattigen Platz, wobei in beiden Fällen die Blüte üppig ausfällt. Wichtig ist, dass man reichlich gießt. Hilfreich ist hierbei ein großes Gefäß, das eine gute Entwicklung des Wurzelkörpers ermöglicht. In der Wachstumsperiode wird die Pflanze entweder mit Langzeitdünger versorgt oder zweimal pro Woche flüssig gedüngt. Vor allem bei zugigen Standorten können Blattläuse auftreten. Ist der Standort trocken heiß, bereiten Weiße Fliege und Spinnmilben Probleme.

7. Enzianstrauch

_ *leuchtende Blütenfarbe*

_ *sparriger Wuchs*

_ *schnell wachsend*

Kleine Büsche und Hochstämmchen des Enzianstrauchs dürfen auf dem sonnigen Sommerbalkon nicht fehlen. Sie werden meist kompakt wachsend und reichblühend angeboten. Doch dieser Wuchs ist nicht der natürliche. Eigentlich macht der Enzianstrauch, der zum Teil wegen der ähnlichen Blüten auch »Kartoffelstrauch« genannt wird, sehr lange Triebe. Man muss also immer die Spitzen ausknipsen, damit sich der Strauch verzweigt und buschig wächst. Der Wuchs ist recht kräftig und man sollte das Gefäß nicht zu knapp bemessen. So verhindert man Trockenheitsstress. Zur Überwinterung kann er in einen kühlen, dunklen Raum gestellt werden. Hin und wieder gießt man den Wurzelballen, damit er nicht zu stark trocknet. Ein kräftiger Rückschnitt vor dem Einräumen ist problemlos möglich.

Zeit zum Einräumen

Wenn es kalt wird, müssen die Pflanzen auf das Winterquartier vorbereitet werden. Man stellt die Pflanzen an einen regengeschützten Ort, damit der Wurzelballen allmählich abtrocknet. Außerdem werden die Pflanzen von losen Blättern und welken Blüten befreit. Lange Triebe, die leicht abbrechen könnten, schneidet man besser zurück.

Der erste Frost ist für die empfindlichen Kübelpflanzen der Zeitpunkt, um sie ins Haus zu räumen. Vor allem Engelstrompeten, Kletternder Jasmin und Kartoffelstrauch brauchen nun ein kühles Plätzchen zum Beispiel im Treppenhaus oder im kühlen Schlafzimmer. Wichtig für die Pflege: immer nur wenig gießen. Der Ballen soll immer wieder abtrocknen. Nasse Erde fördert die Fäulnis der Wurzeln.

Die robusten Kübelpflanzen, die zunächst noch im Freien bleiben können, erkennt man meist an den kräftigen, harten Blättern. Lorbeer, Oleander und Schmucklilie kann man getrost draußen lassen, wenn das Thermometer nur in der Nacht mal unter den Nullpunkt sinkt. Erst wenn es Dauerfrost gibt, müssen die Pflanzen im Haus sein. Dabei ist ein kühler frostfreier Raum, wie der Hausflur, ein kalter Keller oder eine Garage, ideal.

Wenn die Tage wieder länger werden, kann man die Pflanzen in die Wärme und ins Licht rücken. Alle Triebe, die lang und hellgrün gewachsen sind, werden entfernt. Wenn nötig, ist jetzt auch der ideale Zeitpunkt zum Umtopfen in frische Erde. Mit dem Gießen beginnt man langsam. Nährstoffe in schwacher Dosis kurbeln das Wachstum an. Die hartlaubigen Kübelpflanzen können direkt schon wieder ins Freie. Für kalte Nächte hält man Bettlaken und Vlies bereit, um die Pflanzen zu schützen.

So bleiben die Kübelpflanzen gesund

1. Alte Pflanzenreste müssen regelmäßig entfernt werden, damit sich keine Schädlinge einnisten.

2. Je weniger Licht im Winter zur Verfügung steht, desto kühler sollten die Pflanzen stehen.

3. An warmen Überwinterungsplätzen herrscht im Winter eine trockene Luft. Damit Schildläuse & Co. keine Chance haben, die Pflanzen gut einnebeln.

4. Kontrolle ist wichtig und dabei immer auch die Blattunterseiten und die Triebe an sich begutachten. Fallen viele Blätter ab, diese zur Bestimmung mit zum Gärtner nehmen.

5. Immer mal wieder sollte bei milder Witterung gelüftet werden. Eisige Zugluft vermeiden.

Das Winterquartier

Der Helfer beim Einräumen ist vor allem die Sackkarre. Wer viele Kübelpflanzen hat, sollte sich unbedingt ein stabiles Modell kaufen. Es gibt sogar welche, die bequem Treppen überwinden. Für wenige Töpfe und vier kräftige Arme bietet sich auch ein Topfgurt an, der um das Gefäß festgezurrt wird. An den Henkeln kann man die Sommerschönheit dann gut greifen und relativ bequem tragen.

Die Temperatur hat Einfluss auf die Überwinterung. Wenn man einen kühlen Raum hat, kann die Pflanze in den Winterschlaf gehen. Der Stoffwechsel wird heruntergefahren. Wenn eine Pflanze dagegen zu warm steht und das Licht für die Versorgung der Pflanze nicht ausreicht, geht die Kübelpflanze an ihre Reserven, die bei dem mehrmonatigen Aufenthalt in der Wohnung aufgebraucht werden. Die Folgen sind Krankheiten und das Absterben von Pflanzenteilen.

Eine optimale Lichtsituation kann eigentlich nur in einem Wintergarten oder in Räumen mit sehr großzügigen Fensterfronten mit hohem Lichteinfall gewährleistet werden. Auch wenn wir mit dem menschlichen Auge ein Zimmer als hell empfinden, reicht das Licht für Pflanzen häufig nicht aus. Darüber hinaus mindern im Winter die recht kurze Tageslänge sowie anhaltend bedecktes Wetter die Lichtausbeute.

Ideale Standorte haben außerdem eine hohe Luftfeuchtigkeit. Anderenfalls kommt es vor allem bei Pflanzen mit festen Blättern, wie zum Beispiel Zitrusbäumchen, Lorbeer und Oleander, häufig zum Befall mit Schild- und Wollläusen. Regelmäßiges Einnebeln mit zimmerwarmem Wasser hilft vorbeugend.

Rückschnitt

Im Frühjahr, wenn die Pflanzen aus dem Winterquartier kommen, werden sie auch zurückgeschnitten. Vorsicht allerdings bei Oleander und Hortensien: Sie haben in der Terminalknospe bereits in der vergangenen Saison die Blütenanlagen vorbereitet. Schneidet man die Spitzen ab, ist es unwahrscheinlich, dass die Pflanzen blühen. Will man diese Büsche etwas verkleinern, schneidet man im Jahresturnus einige Triebe an der Basis ab.

Rückschnitt zum Saisonende hat den Vorteil, dass die Krone deutlich verkleinert wird. Zum einen hat man so besser Platz zum Aufstellen im Winterquartier und zum anderen wird die Verdunstung erheblich gedrosselt. Ideal ist das bei Fuchsien, Enzianstrauch, Wandelröschen und Geranien, die man im Haus überwintern will.

Stutzen nach der Blüte wird bei den Pflanzen erforderlich, die entweder noch mal austreiben oder die zu viel Kraft für die Samenbildung verlieren. Lavendel, Thymian und Strauchmargeriten schneidet man kräftig zurück. Während die beiden Kräuter nur noch Triebe bilden, ansonsten aber schön kompakt wachsen, bildet die Strauchmargerite nochmals neue Blüten. Der Agapanthus setzt nach der Blüte häufig Samen an. Die Entwicklung kostet Kraft und die Kapseln wirken nicht sonderlich dekorativ, deshalb werden sie frühzeitig abgeschnitten.

Ausputzen kann man alle Kübelpflanzen hin und wieder. Dabei werden während des Sommers welke Blütenstände entfernt und dicht stehende Triebe herausgenommen. Je größer die Pflanzen werden, desto wichtiger ist es, dass sie gut ausgelichtet werden. Anderenfalls verkahlen sie von innen oder locken Krankheitserreger an. Auch große alte Blätter können bei der Kontrolle abgeschnitten werden.

Tipps zum Schnitt von Kübelpflanzen

1. Mit einer Rosenschere kann man einzelne Triebe gut aus den buschigen Pflanzen herausschneiden.
2. Zum Rückschnitt von Polsterpflanzen und in Form geschnittenen Pflanzen eignet sich eine Heckenschere.
3. Am besten kann man mit Scheren arbeiten, wenn die Scherblätter wirklich scharf sind.
4. Ein bisschen Hygiene muss sein. Damit man nicht Krankheiten von einer Pflanze auf die andere überträgt, reinigt man die Scherblätter immer wieder mit einem alkoholgetränkten Lappen.
5. Ein Schnitt sollte immer dicht über einem Blattpaar angesetzt werden, da unbelaubte Triebteile eintrocknen.

Frische Erde für Kübelpflanzen

Im Frühling, wenn das Winterquartier geleert wird, muss man sich einmal richtig Zeit nehmen. Die Kübelpflanzen müssen umgetopft werden. Das ist wichtig, damit zum einen der Wurzelkörper neue vitale Wurzeln bildet und zum anderen damit das Substrat eine wachstumsfördernde Struktur hat.

Man braucht eine Plane, frisches Kübelpflanzensubstrat, etwas Blähton, eine Rosenschere und am besten eine kleine Astsäge. Hat man die Pflanze ausgetopft, wird zunächst einmal das Gefäß gründlich gereinigt. Wenn in der vergangenen Saison oder im Winterquartier die Pflanze auffällig viele Schädlinge oder Krankheiten hatte, sollte man auch ein Desinfektionsmittel verwenden. Nun geht man daran, den Wurzelballen zu verkleinern. Die alten Wurzeln sind in der Regel nicht mehr so leistungsfähig um die Pflanze gut zu versorgen, deshalb muss man die Neubildung von Wurzeln anregen. Ebenso will man nicht ständig einen größeren Topf aufstellen. Das wäre ja im Grunde ungeschickt, weil irgendwann der Kübel zu groß zum Aufstellen und Transportieren wird. Also schneidet man im unteren Bereich den Wurzelfilz bestimmt drei Fingerbreit ab. Das geht bei kräftigen Pflanzen gut mit einer Astsäge. Seitlich schneidet man nun quasi einige Tortenstücke aus dem Ballen heraus. Dabei hält man sich vom Kern der Wurzel fern und setzt das Messer in der äußeren Hälfte an. Je nach Größe schneidet man drei bis fünf solche Stücke heraus. In den gereinigten Topf füllt man nun unten Blähton, um einen guten Wasserabzug zu gewährleisten. Gleichzeitig dient der Blähton als Speicher. Nun füllt man Substrat ein und stellt den Wurzelballen in den Topf. Die Lücken werden wieder aufgefüllt. Hierbei kann man sich Wasser zu Hilfe nehmen und die Erde hineinspülen. In den ersten Wochen wird noch etwas Erde nachrutschen und die Lücke muss aufgefüllt werden. Nun sollte man auch die Krone zurückschneiden, damit frisches Grün austreibt.

1. Rückschnitt und Umtopfen sollten regelmäßig erfolgen, damit die Kübelpflanzen vital bleiben.
2. Beim Umtopfen alte Wurzeln wegschneiden, um die Neubildung anzuregen.
3. Kübelpflanzen müssen gründlich auf Schädlinge überprüft werden.
4. Eine Unterpflanzung sorgt für ein gutes Mikroklima.

Kübelpflanzen bringen ein südliches Flair auf den Balkon

Genießen Sie den Feierabend

Erst mal durchatmen und den köstlichen Duft der Sommerblumen wahrnehmen – so kann man den Stress des Tages hinter sich liegen lassen. Und wer gerne kocht, überlegt nun spontan, mit welchen würzigen Kräutern das Essen am Abend verfeinert wird. Der Fantasie sind keine Grenzen gesetzt. Und wenn sich die Kräuter wohl fühlen und gut wachsen, dann kann man sich das Aroma auch für die Wintertage konservieren.

1

Augen zu und tief einatmen

2

3

1. Leckere Kräuter

_ *Rückschnitt ist Ernte*

_ *dekorative Blüten*

_ *bunte Blätter*

Ein Regalbrett, ein schmaler Tisch oder ein Sims sind ideal für die Kräutersammlung auf dem Balkon. Man stellt die Töpfe von Salbei, Thymian und Majoran zusammen in eine Weinkiste aus Holz. Dazu noch eine Malve in Hellrosa, damit der Blütenaspekt nicht zu kurz kommt. Die Vorteile sind, man kann die Pflanzen je nach Bedarf einzeln mit Wasser versorgen und durch frische austauschen. Am besten taucht man die trockenen Ballen in einen großen Eimer, bis der Speicher wieder aufgefüllt ist. Gleichzeitig bringt die Holzkiste das Flair von südlichen Weinanbauregionen mit sich.

2. Zwei für alle Fälle

_ *zart im Parfüm*

_ *für einen überdachten Balkon*

_ *für warme Standorte*

Zwischen dem grün blühenden und dem roten Ziertabak breiten sich zwei Duftgeranien aus. Sie sind nicht nur nach ihrer Duftnote ausgewählt, sondern auch passend zu den Blütenfarben. Denn die eine Sorte unterstreicht mit ihren weißgrünen Blättern die grünliche Blütenfarbe, während die andere Sorte mit ihren Blüten in Himbeerrosa die roten Ziertabakblüten hervorhebt. Die Pflanzen sollten im Frühsommer mit ausreichend Abstand gepflanzt werden. Wenn die Blühfreude des Ziertabaks nachlässt, muss man die Blütenstände kräftig zurückschneiden, damit er wieder neu durchtreibt.

3. Duftende Wand

_ *üppige Blütenpracht*

_ *direkten Regen vermeiden*

_ *perfekter Sichtschutz*

Das Parfüm der Blüten hat ganz unterschiedliche Qualitäten. Fein und fruchtig ist der Duft der gelbgefüllten Rose. Süßlich nach Vanille duftet die Vanilleblume und eine kräftige Note hat die pinkfarbene Nelke. Der Jasmin am Spalier entfaltet einen intensiven Duft während der Blüte. Ideal ist es, wenn die Duftpflanzen zwar sonnig stehen, aber vor der prallen Mittagssonne geschützt sind. Ebenso sollte man windstille Plätze wählen, damit sich die Wolke aus dem Parfüm spürbar entwickeln kann und nicht weggeweht wird. Es hat Vorteile, Duftpflanzen nicht unmittelbar neben dem Sitzplatz zu platzieren, denn der Geruchssinn ist recht individuell und nicht für jeden Gast angenehm. Auch bei manchem guten Essen kann der Blütenduft stören.

1. Rosen auf dem Balkon sollten vor der prallen Mittagssonne geschützt werden.

2. Eine hohe Luftfeuchtigkeit ist die Garantie für gesunde Rosenblätter.

3. Am besten eignen sich niedrige Strauchrosen und kleine Bodendeckerrosen für die Kultur im Topf.

4. Hohe Töpfe sind ideal, da Rosen lange Wurzeln bilden.

5. Im zeitigen Frühling topft man die Rosen um.

1. **Thymian**

_ *in der mediterranen Küche beliebt*

_ *zarter Blütenschmuck*

_ *buschiger oder polsterartiger Wuchs*

In einem mineralischen Substrat wächst der Thymian sehr gut. Daher die Erde mit etwas scharfem Quarzsand oder auch mit Tonmineralien mischen. Damit die Pflanzen vital bleiben, werden sie bei der Ernte kräftig zurückgeschnitten – so treiben sie immer wieder aus. Ein sonniger, warmer Standort ist optimal. Im Hochsommer zeigen sich die zartrosa Blüten. Das Aroma der Blätter wird dann etwas schwächer.

2. **Weißbunte Minze**

_ *für Getränke und Obstsalat*

_ *vieltriebig üppig*

_ *Schnitt fördert den Austrieb*

Obstsalate, Getränke und Salate der arabischen Küche – ein bisschen Minze darf bei allen nicht fehlen. Die weißbunte Form sieht dabei auch noch sehr dekorativ aus und hat einen nicht zu scharfen Geschmack. Wie alle Minzen wächst sie durch Ausläufer in die Breite. Im Topf ist die Minze meist schnell am Ende, daher gibt es zwei Empfehlungen: Die Stängel zum Ernten komplett an der Basis abschneiden, und wenn das Wachstum nachlässt, die Pflanze teilen und in frische Erde umtopfen. Außerdem muss man regelmäßig gießen. Ein halbschattiger Standort verhindert das rasche Austrocknen.

auch für die Küche

3. **Duftgeranie**

_ *zarte Blüten*

_ *Duft nur durch Berührung*

_ *gegen lästige Insekten am Sitzplatz*

Apfel, Zitrone, Schokolade, Minze, Pfeffer, Rose – das Spektrum der Duftrichtungen weist bei Duftgeranien eine ungeheure Bandbreite auf. Die Pflanzen selbst haben in der Regel sehr schöne Blätter, aber die Blüten sind nur klein und zurückhaltend. Das Parfüm selbst ist erst auf den zweiten Atemzug zu erschnuppern, denn Duftgeranien sind sparsam mit ihren ätherischen Ölen. Nur bei Berührung der Blätter oder sehr starker Sonneneinstrahlung wird das Parfüm freigesetzt. Dann wirkt es sogar zur Abwehr von Insekten und es verhindert, dass zu viel Feuchtigkeit verdunstet. In diesem Punkt sind nämlich auch diese Geranienarten sehr pflegeleicht. Sie lieben die Wärme und die Trockenheit. Für die Pflege bedeutet das, man gießt erst wieder, wenn der Ballen ein bis zwei Tage trocken war. In regenreichen Regionen ist es wichtig, dass die Pflanzen geschützt stehen, damit sie in einer Schlechtwetterperiode nicht zu sehr leiden.

Außerdem sollte man die Erde mit Blähton oder Kies vermischen, um Staunässe zu vermeiden. Wenn man eine Lieblingssorte gefunden hat, dann kann man sie gut im Winter in der Wohnung bis zum Frühling aufstellen. Ideal sind helle, kühle Plätze. Ein kräftiger Rückschnitt im Frühjahr regt den Austrieb an, damit die Vitalität erhalten bleibt. Wer nur wenig Platz hat, sollte sich im Hochsommer einige Triebspitzen als Stecklinge bewurzeln. Die Duftgeranien sind dann relativ klein und nehmen wenig Platz weg. Blüten, die sich im Winterquartier bilden, knipst man ab, damit nicht zu viel Kraft darauf aufgewendet werden muss.

die Welt der feinen Aromen

1. Strauchbasilikum

_ *buschiger Wuchs*

_ *sehr robust auch bei kühler Witterung*

_ *dekorative Blüten*

Basilikum ist ein tolles Gewürzkraut, das einen sehr charakteristischen Geschmack hat. Allerdings ist es auch sehr empfindlich. Es braucht viel Wärme und entsprechend ausreichend Wasser. Bei Zugluft gibt es schon mal Läuse. Eine gute Alternative ist das Strauchbasilikum, das sehr robust und bei einer kühlen Überwinterung sogar mehrjährig ist. Die kräftigen Triebe wachsen schnell und im Hochsommer schmücken die hellvioletten Blüten die üppigen Büsche, sodass man einen natürlichen und dekorativen Blütenschmuck hat. Die Pflanzen werden als Büsche und Hochstämmchen angeboten. Da sie groß werden, sollte man darauf achten, dass die Gefäße, in die man pflanzt, genug Platz bieten.

2. Oregano

_ *schöne Blattstrukturen*

_ *pflegeleicht*

_ *kräftiger Wuchs erlaubt reiche Ernte*

Es ist der Geschmack, der auf der Pizza nicht fehlen darf. Der Oregano ist ein wirklich anspruchsloses Gewürzkraut. Die Polster strecken sich, wenn sich die Blütenstände entwickeln. Kurz bevor sich die Blüten schließlich öffnen, sollte man die Triebe getrost abschneiden und trocknen, damit man einen guten Vorrat hat und um den Neuaustrieb anzukurbeln. Zu gelben und violetten Blüten passt vor allem die goldgelbe Form 'Aureum'. Grundsätzlich sollte Oregano im Topf besser halbschattig stehen.

3. Vanilleblume

_ *braucht Wärme*

_ *große, lilafarbene Blütenstände*

_ *feiner Duft*

Die Vanilleblume hat zwar kleine Einzelblüten, aber diese stehen so dicht nebeneinander in der Trugdolde, das die Farbwirkung sehr kraftvoll ist. Das raue Blattwerk mit der runzeligen Oberfläche hat eine recht dunkle, grüne Farbe. Der Wuchs ist buschig verzweigt, doch wenn es im Frühling an Wärme mangelt, entwickelt sich die Pflanze nur sehr zögerlich, wächst zum Teil sogar rückwärts. Es ist daher zu empfehlen, die Pflanzen nicht zu früh einzukaufen, sondern einfach einen Platz im Kasten frei zu halten und erst gegen Anfang Juni die Vanilleblume zu kaufen. Wer doch schon früher zugreift, sollte auf jeden Fall für Spätfröste eine Abdeckung bereitlegen. Die Pflanze ist in allen Teilen sehr giftig und man sollte sie daher nicht mit essbaren Pflanzen direkt zusammen setzen. Vanilleblumen können auch als Hochstamm und damit als mehrjährige Kübelpflanze gezogen werden. Sie brauchen dann einen kühlen, hellen Platz zum Überwintern.
In der Sonne fühlt sich die Vanilleblume sehr wohl. Man sollte anhaltende Feuchtigkeit und Nässe unbedingt vermeiden. Allerdings dürfen die Pflanzen auch nicht austrocknen. Eine regelmäßige Nährstoffzufuhr sollte gewährleistet sein. Wenn die Blütenstände ihren Höhepunkt überschritten haben, dann schneidet man sie mit einer spitzen Schere so ab, dass sich ein neuer Blütenstand entfalten kann. Zur Vanilleblume passen sehr gut andere lilafarbene Sommerblumen wie Eisenkraut, Petunien, Fächerblume sowie Leberbalsam und Blaues Gänseblümchen.

süßlich, anregend & würzig

1. Salbei

_ *niedriger Halbstrauch*

_ *verschiedene Sorten mit bunten Blättern*

_ *für Liebhaber der italienischen Küche*

Für Gnocchi, Saltimbocca und als frittierte Knabberei werden Salbeiblätter weiterverarbeitet. Das Heil- und Küchenkraut ist aber auch wegen seiner dekorativen grauen oder rot, weiß oder gelb gemusterten Blätter beliebt. Wegen seiner wintergrünen Blätter wird der Salbei nochmals im Herbst angeboten. Damit die Pflanzen vital bleiben und wieder neu durchtreiben, darf man das regelmäßige Gießen nicht vergessen. Gleichzeitig sollte man Staunässe vermeiden. Werden die Büsche zu groß, dann kann man sie einfach kräftig zurückschneiden. Der Neuaustrieb lässt nicht lange auf sich warten.

2. Rosmarin

_ *blüht schon im Frühling*

_ *anspruchslos*

_ *auch als Hochstamm*

Ähnlich wie der Salbei benötigt Rosmarin eine durchlässige Erde, die nicht zu viele Nährstoffe enthält. Die Halbsträucher sind in geschützten Lagen sehr gut winterhart und bereits im Februar zeigen sich die kleinen Knospen, die sich bei Wärme öffnen. Neben dem aufrecht wachsenden Rosmarin gibt es eine überhängend wachsende Form, die sich besonders gut eignet, um mediterrane Kübelpflanzen dauerhaft zu unterpflanzen. Meist ist diese Sorte auch etwas wüchsiger, sodass die Pflanze rasch wieder neue Triebe wachsen lässt. Wichtig: Sparsam düngen, sonst sind die Triebe anfällig für Rostpilze.

3. Elfenspiegel

_ *lockere Blütenbüsche*

_ *braucht gleichmäßige Feuchtigkeit*

_ *weiß blühende Form duftet kräftig*

Diese Art des Elfenspiegels ist hinsichtlich der Blüten und des Wuchses zierlich und duftig, wenn man sie mit den 'Sunsatia'-Hybriden (siehe Seite 36) vergleicht. Hinzu kommt, dass vor allem die weiß blühende Form meist angenehm duftet. Die kleinen gespornten Rachenblüten sitzen an aufrechten Blütenstielen. Die Einzelblüte trägt einen gelben Fleck in der Mitte. Die Pflanzen benötigen einen sonnigen, warmen Platz und vertragen durchaus auch windige Standorte. Wichtig ist, dass man sie regelmäßig gießt, aber Staunässe unbedingt vermeidet. Bei längeren Regenperioden ist es daher durchaus empfehlenswert, die Pflanzen möglichst nah ans Haus zu rücken. Wenn die Blühfreude nachlässt, schneidet man die Blütenstände kräftig zurück und regt so die Neubildung von Knospen an. Neben der weiß blühenden Form gibt es rosafarben und blauviolette Formen dieses zierlichen Elfenspiegels.

Kräuter selbst ernten

In den Mittagsstunden ist ein optimaler Zeitpunkt, um Kräuter zu ernten, weil sie dann besonders aromatisch sind. Die Blätter sind nach der Nacht abgetrocknet und so wird der Geschmack nicht verwässert. Am besten schneidet man immer einige Stiele aus der Mitte der Pflanze heraus. Wichtig: Nicht nur die oberen Spitzen bzw. Blätter ernten, sondern tief abschneiden, damit die Pflanzen von unten wieder neu durchtreiben. Viele Kräuter sollten geerntet werden, bevor die Blüten sich geöffnet haben, weil sie besser schmecken.

Die Welke bei Kräutern wird immer wieder empfohlen. Dabei lässt man die geernteten Stiele etwas liegen, damit Wasser entweicht und der Geschmack dadurch intensiver wird. Am besten legt man die Blätter oder Stiele etwa eine Stunde locker nebenander auf ein Brett oder Tablett.

Zum Trocknen braucht man einen schattigen, luftigen Ort. Die frisch geernteten Kräuter werden zu kleinen Sträußen gebunden und dann mit dem Kopf nach unten aufgehängt. So sollten die Sträuße hängen, bis sie ganz trocken sind. Nun kann man sie in dunkle Gefäße als Wintervorrat füllen.

Einfrieren kann man Kräuter, wenn sie auf dem Höhepunkt sind. Man kann die gewaschenen und getrockneten Stiele grob hacken und in einen Plastikbeutel füllen. Sind sie gefroren, kann man sie im Beutel rebeln und erspart sich so die Mühe, alles mit dem Wiegemesser fein zu hacken.

Eingelegt in Öl oder grobes Meersalz, halten die Kräuter ihr Aroma gut und man kann die feine Würze direkt beim Kochen verwenden. Besonders gut: Basilikumöl und Rosmarinsalz. Beim Öl sollten die Blätter ganz trocken sein, bevor man sie einlegt.

---

4 Tipps für die Pflege von Kräutern

1. Ein gutes Angebot an Kräutern gibt es vor allem im Frühling in den Fachgeschäften. Häufig sind vor allem Thymian, Rosmarin und Salbei im Angebot. Typische Frühlingskräuter sind dagegen Schnittlauch, Sauerampfer und Kerbel.

2. Kräuter werden in eine nährstoffarme Erde gepflanzt, damit sie langsam wachsen und so besonders gut schmecken.

3. Mehrjährige Kräuter kann man nach dem Winter umtopfen und zurückschneiden, damit sie wieder neu durchtreiben.

4. Einjährige Kräuter wie Schnittlauch, Kerbel, Dill und Borretsch kann man leicht aus Samen ziehen und auf der Fensterbank kultivieren.

Who is who im Kräutertopf

»Drei Stiele Estragon« heißt es im Rezept, aber welches war denn nun der Estragon im Kräutertopf? Ein paar dekorative Schilder an den Pflanzen sind hilfreich, damit man die Kräuter erkennt und den Kerbel tatsächlich von Koriander und Petersilie unterscheiden kann.

Scherben

_ *kostengünstig*

_ *wetterfest*

Ein zerbrochener Tontopf leistet als Kräuterschild noch gute Dienste. Man schreibt den Namen mit Bleistift auf und zieht die Linien mit Filzschreiber oder Pinsel und Farbe nach. Anschließend werden die Scherben vor der jeweiligen Pflanze in die Erde gesteckt oder davorgelegt. Das kann man auch schön zusammen mit Kindern basteln.

Partybesteck

_ *sieht witzig aus*

_ *alternativ und dezent: Eisstiele aus Holz*

Immer öfter gibt es Einwegbesteck aus Holz. Das sieht dezent aus und ist umweltfreundlich. Auf Messer, Gabel und Löffel ist ausreichend Platz, den Namen der einzelnen Kräuter zu platzieren, damit man die Pflanzen auseinanderhalten kann. Will man mehr Farbe in den Kräuterkasten bekommen, dann taucht man das Besteck in Farbe.

Von Klassikern & Akrobaten

Da wird der Balkon zur Manege

Kletterpflanzen verwandeln die Wände in ein Patchwork aus Blättern und Blüten. So kommt eine neue Dimension ins Spiel, das Klima wird verbessert und man kann lästige Blicke ebenso wie Sonnenstrahlen natürlich ausblenden. Dazu passen die Klassiker des Balkons immer gut und setzen buschige Kontrapunkte zu den lebendigen Paravents. Wichtig ist, dass man eine passende Rankhilfe verwendet, an der sich die Triebe in die Höhe ziehen können.

überhängend & hochkletternd

1. **Blütenfülle in der Ampel**

_ *im Laufe des Sommers immer dichter*
_ *für Sonne und Schatten*
_ *ein guter Sichtschutz*

Eine Blumenampel nutzt die dritte Dimension geschickt, um das Blumenmeer zu erweitern, und gleichzeitig bietet sie einen guten Sichtschutz. Dieses Gefäß ist zum einen mit der lilablauen Fächerblume bepflanzt und zum anderen mit einer Schneeflockenblume. Beides sind sehr wüchsige und robuste Sommerblumen. Die Schneeflockenblume ist deshalb hier von Vorteil, weil sie gut mit der sonnenabgewandten Seite klarkommt.

2. **Ein Korb voll Blumen**

_ *feine Kontraste in Form und Farbe*
_ *für halbschattige Standorte*
_ *ländliche Anmutung*

Wenn man nicht so viel Zeit hat, dann reicht manchmal auch ein kleiner blumiger Blickfang aus. Vor den weißen Schmuckkörbchen blühen in diesem Fall hellviolette Glockenblumen. So baut sich die Bepflanzung pultartig auf und man kann den Korb gut vor eine Wand stellen. Regelmäßiges Ausputzen verlängert auf jeden Fall die Blütezeit.

3. **Jetzt geht's hoch hinaus**

_ *kraftvolle Farben*
_ *braucht viel Wärme und Sonne*
_ *Triebe können auch überhängen*

Ein wundervoller Farbenmix aus Orange und Lilablau schmückt diesen Obelisken, der die Blüten in die Höhe bringt und so die Ecke am Balkongeländer blumig ausfüllt. Der Kübel, der dank der Räder mobil ist, bietet dem Glockenwein, einer verwandten Art der Schwarzäugigen Susanne, reichlich Platz, sich zusammen mit der Prunkwinde auszubreiten. Wer öfter mal ein paar Tage verreist ist, mischt von Anfang an Tonminerale unter die Erde, die viel Wasser speichern können, um Engpässen vorzubeugen. Beide sind einjährig, starkwüchsig und erobern im Laufe des Sommers gut und gerne Höhen von bis zu drei Metern. Da beide Arten sehr wärmebedürftig sind, sollte man sie erst gegen Ende Mai, wenn es tatsächlich auch in den Nächten wärmer wird, ins Freie pflanzen. Sie müssen regelmäßig gegossen werden und einmal in der Woche gibt man auf jeden Fall Dünger zum Gießwasser. Hübsch kombinieren lassen sich die Pflanzen mit Studentenblumen, Ringelblumen und Kapuzinerkresse in leuchtendem Orange sowie dem Trio aus violettem Eisenkraut, Blaumäulchen und Blauer Mauritius.

1. Stehende Petunie

_ *aufrechter Wuchs*

_ *viele Blütenfarben*

_ *Blüten auszupfen*

Bei den stehenden Petunien fallen die Pflanzen nur ganz leicht auseinander. Sie sind besonders wertvoll, weil sie ungewöhnliche Zweifarbigkeit ins Spiel bringen. Eine rot-weiße Form vermittelt beispielsweise zwischen Feuersalbei und Schneeflockenblume. In der Pflege sind sie ähnlich zu behandeln wie die hängenden Formen (siehe Seite 96). Allerdings brauchen sie nicht ganz so üppig Nährstoffe, weil sie insgesamt kleiner bleiben.

2. Eisenkraut

_ *Dauerblüher*

_ *viele Sorten*

_ *Staunässe vermeiden*

Es gibt unzählige verschiedene Formen, die man als Laie eigentlich nur an der Wuchsform erkennen kann. Diese kann aufrecht buschig, flach kriechend oder überhängend sein. Die Blüten stehen wie auf einem Teller nebeneinander und von der Mitte her öffnen sich immer wieder neue Blüten. Je stärker der Wuchs, desto wichtiger ist ein nährstoffreiches Substrat, weil sich sonst leicht Schwäche zeigt. Zwar putzen sich die Pflanzen selbst aus, aber die vollständig abgeblühten Dolden knipst man immer wieder aus, weil so neue Blütenstände gebildet werden. Bei anhaltend feuchter Witterung werden die Blätter leicht von Mehltau befallen. Dadurch machen die Pflanzen dann einen ungepflegten Eindruck. Es hilft, wenn man die Pflanzen frühzeitig etwas zurückschneidet, damit sie neu austreiben.

wahre Klassiker

3. Blaue Mauritius

- _ *hängender Wuchs*
- _ *kleinblumige Winde*
- _ *für warme Plätze*

Die kleinen Blüten sehen ähnlich aus wie die von Winden. Die Triebe können bis zu einem Meter lang werden und wachsen überhängend. Die fliederfarbenen Blüten ergänzen sich gut mit dem leicht silbrigen Laub. Wichtig ist eine gute Nährstoffversorgung, damit die Triebe kräftig nachwachsen. Gegossen wird immer dann, wenn das Erdreich tatsächlich tiefgründig trocken ist. Bei anhaltender Nässe werden die Pflanzen empfindlich für Pilzkrankheiten und meist verlangsamt sich schlagartig das Wachstum. Wenn man die Blaue Mauritius mit anderen Hängepflanzen kombiniert, sollte sie immer die Pflanze mit dem stärksten Wuchs sein. Zusammen mit stark wachsenden Arten würde sie verdrängt. Ideal ist die Kombination mit Silberregen, Blauem Gänseblümchen und Zauberglöckchen.

4. Gazanie

- _ *für sonnige Plätze*
- _ *Pflanzung auch im Hochsommer*
- _ *große Blüten*

Häufig findet man diese Sommerblume auch unter der Bezeichnung »Mittagsgold«. Diese Namensgebung beruht darauf, dass die Pflanzen ihre Blüten erst öffnen, wenn die Sonne im Zenit steht. Die margeritenartigen Blüten, die einen Durchmesser von 5–8 cm haben, sind in der Mitte sehr extravagant rotbraun oder fast schwarz gezeichnet. Die Farben variieren von Gelb über Orange bis hin zu Cremeweiß. Die polsterartigen Rosetten werden etwa 20 cm hoch. Der Standort sollte unbedingt regengeschützt und vollsonnig sein. Gedüngt wird mit einem Langzeitdünger. Man gießt die Pflanzen zurückhaltend, weil sie vorübergehende Trockenheit im Vergleich zu anhaltender Feuchtigkeit bevorzugen. Gute Partner sind Husarenknöpfchen, Zinnien und kleinblütige Studentenblumen.

Für die blühenden Balkonwände

1. Süßkartoffel

_ *liebt die Wärme*

_ *grün- und rotlaubige Sorten*

_ *pflegeleicht*

Sie bildet lange, kräftige Triebe mit vielen Blättern, die herzförmig sind. Je wärmer es ist, desto kräftiger wachsen die Pflanzen. Sie nehmen aber einen Rückschnitt nicht übel, sodass man sie gut im Zaum halten kann. Es gibt burgunderrote Formen, die sehr gut zu rosafarbenen und violetten Blüten passen. Die frischgrünen Sorten ergänzen gelbe und orangefarbene Pflanzenkombinationen ebenso wie feuerrote Blüten.

2. Prunkwinde

_ *jeden Tag eine neue Blüte*

_ *klare Blautöne*

_ *dichtes, großes Blattwerk*

Prunkwinden zieht man auch aus Samen, aber die Vorkultur auf der warmen Fensterbank ist von Vorteil für die Entwicklung. Die Sämlinge werden Mitte Mai ausgepflanzt, und wenn man merkt, dass die Triebe in die Höhe wachsen, beginnt man regelmäßig zu düngen. Der Samenansatz wird immer entfernt. Die Prunkwinde erreicht Höhen bis 3 Meter.

3. Duftwicke

_ *romantisches Flair*

_ *auch als Schnittblume*

_ *aus Samen ziehen*

Mit den Schmetterlingsblüten in vielen verschiedenen Farben sind Duftwicken eine wunderbare Bereicherung für jeden Balkon. Leider werden sie viel zu selten angeboten. Aber man kann diese Einjährigen sehr leicht aus Samen selbst ziehen. Am besten sät man sie zwischen April und Mai direkt in die Gefäße. Es macht durchaus Sinn, in zwei oder drei Etappen zu säen, damit immer noch junge Pflanzen mit neuen Blüten im Sommer nachwachsen. Für die Sortenwahl muss man wissen, dass es nicht nur unterschiedliche Blütenfarben und Farbmuster gibt, sondern auch verschiedene Höhen. Für den Kübel, der am Boden steht, kann man durchaus höhere Sorten wählen, aber für den Kasten eignen sich die Zwerg-Duftwicken. Die heiße Mittagssonne sollte man meiden, ansonsten sind warme, windgeschützte Plätze in der Sonne optimal. Trockenheit sollte vermieden werden, aber ebenso dürfen die Wurzeln nicht zu nass stehen. Die welken Blüten verwandeln sich meist rasch in grüne Schoten. Diese sollte man entfernen, weil so automatisch wieder neue Blütenknospen gebildet werden.

Die lebendigen Blumentapeten

Kletterpflanzen erobern innerhalb von wenigen Wochen die dritte Dimension und stellen so zum einen eine dekorative Wandbegrünung dar, zum anderen bieten sie einen guten Sichtschutz, der den Einblick auf den Balkon verwehrt und für angenehmen Schatten sorgt. Gleichzeitig sind sie mit der üppigen Blattmasse ideal für ein ausgeglichenes Klima.

Will man Kletterpflanzen auf dem Balkon verwenden, so muss man die Pflanze nicht nur hinsichtlich der Blüten, Blätter und Standortansprüche kennen, sondern auch wissen, wie sich die Pflanzen in die Höhe ziehen. Winden legen ihren Haupttrieb um das Rankgerüst und werden auch als Schlinger bezeichnet. Sie brauchen Drähte, dünne Eisenstäbe oder Kordeln. Rankende Pflanzen wie Wicken haben Seitentriebe oder Blattspreiten zu Ranken umgebildet, mit denen sie Halt suchen. Hier sollte das Rankgerüst möglichst filigran sein, damit sie guten Halt finden. Der Vollständigkeit halber sollen an dieser Stelle noch die Kletterpflanzen mit Haftorganen wie Wilder Wein und Efeu sowie die Spreizklimmer erwähnt werden; dieses sind beispielsweise Brombeeren und Kletterrosen. Sie sind auf dem Balkon eher die Ausnahme.

Wenn im Frühjahr die Kletterpflanzen gepflanzt werden, hat es sich bewährt, die Triebe zunächst waagerecht an dem Rankgerüst entlang zu führen. Der Vorteil ist, dass nun aus den Blattachseln zahlreiche Triebe wachsen, die parallel nebeneinander nach oben geführt werden können. Grundlage für das gesunde Wachstum ist ausreichend Platz auch für die Wurzeln, die eine große Blattmasse gut versorgen müssen. Ebenso darf mit Dünger nicht gegeizt werden. Dabei geht es nicht darum, auf einmal viel zu düngen, sondern regelmäßig Flüssigdünger in niedriger Konzentration dem Gießwasser beizumischen. Wenn der Standort sehr sonnig ist, sollte man etwas Luft zur Wand lassen, um einen Hitzestau zu verhindern.

1. Prunkwinde, Duftwicke und Feuerbohnen kann man selbst direkt säen.

2. Das Rankgerüst muss auf die jeweilige Art der Kletterorgane abgestimmt sein.

3. Zu Beginn macht es Sinn, die Triebe an das Rankgerüst zu lenken.

4. Gute Wasserspeicher garantieren eine optimale Versorgung.

5. Ausreichend Dünger ist wichtig für ein gesundes Wachstum.

Clematis im Topf

Das Gefäß für eine mehrjährige Waldrebe sollte möglichst groß und vor allem hoch sein, weil es sich bei den Klettergehölzen um Tiefwurzler handelt. Gleichzeitig sichert das große Erdvolumen genügend Speicher für Wasser, sodass sich die Pflanze gut selbst versorgen kann.

Als Substrat verwendet man eine hochwertige Kübelpflanzenerde. Sie hat den Vorteil, dass sie strukturstabil ist und sich nicht so schnell zersetzt. Es gibt auch eine Spezialerde für Clematis. Wer nur Blumenerde hat, mischt zu vier Teilen Blumenerde einen Teil reife Komposterde, zwei Teile Lehmboden und einen Teil Sand. Man kann auch ein knappe Handschaufel Gesteinsmehl (Bentonit) untermischen, damit reichlich Wasser gespeichert wird. Wichtig: Das Substrat darf nicht vernässen, sonst kümmern die Pflanzen.

Das Rankgerüst darf nicht zu dicke Streben haben, damit sie die Triebe leicht umschlingen können. Gegebenenfalls spannt man zwischen den ornamentalen Streben dünnere Drähte, die zusätzlich Halt geben. Legt man die unteren Triebe quer, werden aus allen Blattachseln Triebe gebildet, die nach oben streben. So wird die Pflanze schneller buschig im Wuchs.

Die Unterpflanzung ist ein Muß, denn Clematis wollen immer kühle, schattige Füße. Als Dauerbepflanzung haben sich Schleifenblume, Efeu und Taubnessel sehr gut bewährt.

Als Arten und Sorten eignen sich vor allem die Alpenrebe und frühjahrsblühende Hybridsorten wie 'Nelly Moser'. Bei den sommerblühenden ist zu berücksichtigen, dass sie meist sehr kräftig wachsen und ein großes Rankgerüst benötigen.

Lassen Sie sich verführen

Beerensträucher und kleine Obstgehölze sind eine perfekte Bereicherung für den Balkon. So ist immer etwas zum Naschen da und Kinder erleben das Blühen, Wachsen und Reifen ganz direkt. Die verholzenden Arten sind langlebig, wenn man die Wurzelballen im Winter vor der Kälte gut schützt. Gleichzeitig bleibt Raum für einige exotische Balkonpflanzen, die als Blickfang wirken und die Aufmerksamkeit durch ihren aparten Blütenschmuck auf sich ziehen.

1

2

3

Immer etwas zum Naschen

1. **Für Salat & Dessert**

_ *Aromen für sonnige Plätze*

_ *nicht zu viel düngen*

_ *pflegeleicht*

Dieser Balkonkasten ist eine kleine Quelle für Kräuter und Erdbeeren. Während der Schnittlauch seine Blätter steif nach oben streckt, lockert der überhängende Thymian die Lücken zwischen den Erdbeerpflanzen auf. Die Schnittlauchblüten kann man als Dekoration für Salate, Kräuterbutter und Suppen verwenden. Wählt man mehrmalstragende Erdbeeren (siehe Seite 85), bleiben die Farbtupfer der Früchte bis in den Spätsommer.

2. **Mit Temperament**

_ *für den Halbschatten ideal*

_ *wüchsige Pflanzen*

_ *Rückschnitt möglich*

Die Auswahl aus gelben Pantoffelblumen und Gauklerblumen in Rot und Gelb sowie Feuersalbei und rotlaubiger Buntnessel funktioniert sehr gut im Halbschatten. Bei der Gauklerblume knipst man die grünen Früchte gelegentlich ab, damit sie den ganzen Sommer über Blüten bilden und die Kraft nicht in die Samenbildung geht.

3. **Für den kleinen Hunger**

_ *Beeren aus dem Wald*

_ *für große Kübel*

_ *auch als Sichtschutz*

Sie haben einen halbschattigen Balkon? Prima, dann fühlen sich Himbeere und Kulturheidelbeere bei Ihnen garantiert wohl. Beide sollten in einen großen Topf gepflanzt werden, wobei der von der Heidelbeere zwar vom Durchmesser großzügig bemessen sein sollte, aber eine Höhe von 20 bis 30 cm ausreicht. Die Pflanzen sind Flachwurzler, die am besten in einer humosen Rhododronerde wachsen. Man deckt die Gefäße mit Rindenmulch ab, um die Wurzeln gut zu schützen. Himbeeren pflanzt man in eine Kübelpflanzenerde und die Triebe werden an einem Rankspalier in die Höhe geführt. Beide Beerensträucher brauchen gleichmäßige Feuchtigkeit, was aber auf dem halbschattigen Balkon leicht zu gewährleisten ist. Im Winter müssen die Töpfe gut geschützt werden, damit die Wurzeln bei Frost keinen Schaden nehmen (siehe Seite 88). Außerdem darf man nicht vergessen, die Pflanzen bei frostfreier Witterung gelegentlich zu gießen, damit die Pflanzen nicht vertrocknen. Bei Spätfrösten schützt man den Austrieb mit Vlies.

1. **Pfirsich**

_ *für sonnig warme Plätze*

_ *garantiert reiche Ernte*

_ *dekoratives Laub*

Wer ein Pfirsichbäumchen kauft, sollte Sorten wählen, die für die Kultur im Topf geeignet sind. Der erste Höhepunkt im Jahr ist die Blüte, die bereits zwischen März und April erfolgt. Jetzt muss man immer Vlies zur Hand haben, um die Blüten und den Fruchtansatz gegebenenfalls vor Spätfrösten zu schützen. Damit sie gut wachsen, brauchen sie eine gleichmäßige Wasserversorgung und von März bis Ende Juli regelmäßig Nährstoffe.

2. **Kiwi**

_ *kletternder Wuchs*

_ *Erntezeit im Herbst*

_ *hübsche Blättertapete*

Wenn die Hauptsaison auf dem Balkon bereits vorüber ist, werden Kiwis reif. Normalerweise benötigt man zwei Pflanzen, eine männliche und eine weibliche, damit sich Früchte bilden. Mit der Sorte 'Jenny' ist das Problem gelöst. Sie vereint männliche und weibliche Blüten an einer Pflanze. Die Kiwi ist ein kletterndes Gehölz, das ein stabiles Rankgerüst in sonniger Lage benötigt. Man pflanzt sie in eine Kübelpflanzenerde und wickelt das Gefäß im Winter sorgfältig ein (siehe Seite 88). Damit man die Pflanze umtopfen kann, sollte das Rankgerüst im Topf sitzen und nicht fest mit der Wand verbunden sein. Ein Rückschnitt der Triebe erfolgt im Frühjahr.

die schmecken garantiert

3. Kapstachelbeere

_ *große Pflanzen*
_ *reiche Ernte bei sonnigem Stand*
_ *aus Samen selbst ziehen*

Die Früchte sind auch als »Physalis« und »Andenbeere« bekannt. Sie bilden reich verzweigte Büsche, die gut einen halben Meter hoch werden. Ab Mitte Juni zeigen sich die hellgelben Blüten, die kaum auffallen. Aus ihnen entwickeln sich dann die Früchte, die in den grünen Hüllblättern sitzen. Wenn sich die Hülle hellbraun färbt und aufspringt, kann man die Beeren zusammen mit der Hülle abzupfen. Meist reicht die Erntezeit bis in den September. Wichtig sind eine nährstoffreiche Erde und gleichmäßige Feuchtigkeit. Idealerweise setzt man die Kapstachelbeeren in nicht zu kleine Gefäße, damit sie sich ungestört entfalten können. In der Sonne reifen die Beeren besonders gut. Als kompakt wachsende Sorte hat sich 'Little Lanterns' bewährt.

4. Erdbeere

_ *Klassiker für Ampeln und Kästen*
_ *Sorten mit langer Erntezeit*
_ *Genuss zum Naschen*

Die ersten Früchte hängen meist schon im Mai an den Pflanzen, wenn man sie kauft. Entscheidend ist, dass die Sorten, die man kauft, immer wieder blühen und dadurch lange tragen. Bewährte Sorten sind die rosa blühende 'Rosanna', 'Elan' und 'Camara' mit länglichen Früchten. Pflanzt man sie in Ampeln, hängen die Früchte locker herunter und reifen in der Sonne. Als Substrat sollte eine nährstoffreiche, lockere Erde verwendet werden. An halbschattigen Plätzen haben sich auch die sogenannten Wald- oder Monatserdbeeren bewährt. Die aromatischen Früchte sind deutlich kleiner. Erdbeeren zählen zu den mehrjährigen Pflanzen. Im zweiten Jahr müssen sie in frische Erde gepflanzt und anschließend ausgetauscht werden, da die Erträge nachlassen.

1

extra-vagant & exotisch

2

3

1. Kapfuchsie

_ *leuchtende Blütenfarben*

_ *blüht bis in den Herbst hinein*

_ *Überwinterung möglich*

Man kann Kapfuchsien wie Kübelpflanzen kultivieren und über Winter frostfrei aufstellen. Die kompakten Büsche werden von den kandelaberartigen Blütenständen mit den trompetenförmigen Blüten in Orangerot, Hellgelb oder Purpur geziert. Man hält sie am besten in einen Kübel und bepflanzt den Fuß mit gelb blühenden Husarenknöpfchen und kleinblättrigem Helichrysum mit silbrigem Laub. Da die Pflanze viel Wärme benötigt, beginnt sie erst im Juli mit der Blüte, hält sich aber bis in den Oktober und passt dann gut zu Chrysanthemen mit ähnlich gefärbtem Flor oder rotlaubigem Federborstengras. Gleichmäßige Feuchtigkeit und Düngung sind wichtig.

2. Kanarische Kresse

_ *Blüten wie kleine Schmetterlinge*

_ *frischgrünes Laub*

_ *verwandt mit Kapuzinerkresse*

Ein warmer Standort ist die Garantie dafür, dass die Kanarische Kresse ihre gelben Blüten treibt. Die stumpfgrünen Blätter an den bis zu 4 Meter langen Trieben erinnern an kleine Feigenblätter. Als Standort eignet sich ein sonniges bis halbschattiges Eckchen auf dem Balkon, das windgeschützt ist. Anderenfalls kommt es in den kühlen Frühsommerwochen zu Blattlausbefall. Man düngt niedrig dosiert mit dem Gießwasser. Die Pflanze erhält man nur selten vorgezogen im Fachmarkt, dafür ist sie aber leicht aus Samen zu ziehen.

3. Spinnenblume

_ *kleinwüchsige Form*

_ *reichblühend*

_ *stressresistent*

Spinnenblumen sind eigentlich hohe einjährige Sommerblumen, die man aus Samen leicht selbst ziehen kann. Für den Topf sind sie zu groß. Eine recht neue Züchtung ist 'Senorita Rosalita', die nur knapp 40 bis 50 cm hoch wird. Sie bildet recht kompakte Büsche, die hinsichtlich der Größe meist besser für einen Kübel als für einen Balkonkasten geeignet sind. Es erscheinen unermüdlich bis in den Herbst neue Blüten und man sollte die Pflanze gleichmäßig mit Wasser versorgen und im Hochsommer wöchentlich düngen. Ansonsten ist die Spinnenblume sehr pflegeleicht. Sollte man das Gießen mal vergessen, so erweist sich die Pflanze als tolerant. Nach der Dürre läuft sie innerhalb von wenigen Tagen wieder zu Hochform auf.

1. Exotische Pflanzen laufen erst bei warmen Nächten zu Hochform auf.

2. Eine Abdeckung der Erde mit Schiefer speichert die Wärme des Tages.

3. Exoten nie zu feucht halten und in Schlechtwetterphasen nicht unbedacht aufstellen.

4. Blähton im Gefäß garantiert einen guten Wasserabfluss.

5. Samenansätze entfernen, damit neue Blüten entstehen.

Im Winter draußen

Gießen muss man auch im Winter. Zwar bringt es nichts bei Frost, weil der Ballen gefroren ist und nichts aufnehmen kann. Aber sowie die Temperaturen steigen, muss wieder Wasser an die Wurzeln. Schließlich verdunstet auch im Winter Feuchtigkeit. Vor allem bei Immergrünen ist das der Fall. Verstärkt wird die Verdunstung in den späten Wintertagen, wenn die Sonne bereits kräftig scheint und die Blätter eine hohe Stoffwechselaktivität zeigen.

Ein Loch im Topf muss sein, wenn die Pflanzen im Freien stehen. Wenn nämlich das Wasser gefriert, dehnt es sich aus und würde den Topf unter Umständen sprengen, wenn der Druck nicht über das Loch ausgeglichen werden kann. Außerdem regnet es im Herbst und Winter viel, sodass Staunässe anderenfalls rasch zu einem Problem wird.

Aufgebockt werden alle Töpfe, damit das Loch frei und der Ballen immer auch von unten gut durchlüftet ist. Außerdem entstehen so keine unschönen Ränder auf dem Boden. Einfache Terrakottafüßchen sehen zwar schön aus, sind aber nicht immer frostfest. Daher schneidet man sich einfach Dachlatten auf die richtige Länge zurecht und schiebt sie unter die Töpfe.

Eingemummelt kommen auch winterharte Pflanzen besser durch die kalte Jahreszeit. Wichtig ist vor allem der Schutz des Wurzelballens. Dieser ist bei eingepflanzten Gehölzen oder Stauden immer durch das Erdreich geschützt. Also wird der Topf richtig gut mit Noppenfolie eingewickelt. Das ist der einzige Einsatzort von Plastikfolie beim Winterschutz. Oberirdische Teile leiden unter der mangelnden Belüftung, wenn man mit Folie arbeitet. Wichtig: Das Verpacken muss erfolgen, bevor die Temperaturen unter den Nullpunkt sinken.

Materialien für den Winterschutz

1. Vlies ist ein leichtes und dünnes Gewebe, das den Gasaustausch ermöglicht, Feuchtigkeit in beide Richtungen durchlässt, aber trotzdem die Wärme hält.
2. Noppenfolie und Styropor isolieren sehr gut, aber vor allem die Folie verhindert das Verdunsten von Feuchtigkeit und fördert Pilzkrankheiten.
3. Jute isoliert zwar nur mäßig, aber man kann hässliche Noppenfolie damit geschickt kaschieren.
4. Strohmatten sind ideal, wenn es friert und windig ist. Man lehnt sie über die Pflanzen.
5. Bänder, Schnüre und Wäscheklammern helfen, dass alle Materialien fest um die Pflanzen gewickelt werden können. Zum Befestigen kann man Bambusstäbe zur Hilfe in die Töpfe stecken.

Das passt zum exotischen Stil

Ein Stück Urlaub holt man sich auf den Balkon, wenn man ihn exotisch einrichtet. Der Ausdruck wird durch Accessoires und Farben unterstrichen. Wenn alles perfekt gelungen ist, taucht man in der kleinen Oase ab in die Traumwelten von Amazonas, Südsee und anderen fernen Ländern.

Zum Liegen

_ *Korbmöbel*

_ *eine Hängematte*

Eine farbenfrohe Hängematte, die an einem kräftigen Deckenhaken baumelt (Achtung: Vermieter um Erlaubnis dafür bitten), holt das Barcadi-Feeling ebenso auf den Balkon wie bequeme Korbmöbel in Naturfarben. Nehmen Sie sich den Platz, eine Liege aufzustellen, denn das ist purer Luxus. Wenn Freunde kommen, kann man sie schnell zur Seite räumen und ein paar Stühle nach draußen stellen.

Aus anderen Welten

_ *asiatische Bambusrohre*

_ *afrikanische Muster*

Bambusrohre – dick und hoch – verkleiden im Handumdrehen hässliche Wände und sorgen für Sichtschutz. Gleichzeitig bringen sie ihr exotisches Flair mit auf den Balkon. Auch Strohhüte, afrikanische Stoffmuster und große Muscheln helfen gegen Fernweh im Sommer.

Für eine angenehme Atmosphäre

Lust auf Farbe

Farben haben einen ganz erheblichen Einfluss auf die Wirkung einer Gestaltung. Man unterscheidet zwischen kühlen und warmen Farben. Sie können einzeln verwendet oder auch in sanften Farbabstufungen miteinander kombiniert werden. Mit einigen passenden Accessoires entsteht eine in sich stimmige Gestaltung. Und das Schöne: Auf dem Balkon kann man jedes Jahr eine neue Variante ausprobieren.

1

Harmonie zum Wohl-fühlen

2

3

1. Frische Kombination

_ *gelb-weiße Mischung*

_ *Blattschmuck zur Farbverstärkung*

_ *Rückschnitt muss sein*

Erfrischendes Gelb gibt den Ton in dieser Kastenkombination an. Das helle Gelb der Petunien spiegelt sich in der Blütenmitte der weißen Margeriten und dem Goldkalmus wieder. Gleichzeitig kühlen das Weiß von Männertreu und Margerite sowie die weißgrünen Blätter des Gundermanns die Situation ab. An dieser Kombination sieht man auch, dass sich wiederholende Formen wie das der Margeritenblüte für einen gewissen Zusammenhalt in der Gestaltung sorgen. Grundsätzlich ist diese Kombination sehr schön im Halbschatten. In der vollen Sonne am Mittag könnten die Blüten leiden.

2. Spiel mit Blütenformen

_ *modernes, kraftvolles Violett*

_ *Höhen geschickt kombiniert*

_ *auch als Tischschmuck*

Ein Arrangement aus verschiedenen Pflanzen kann auf dem Balkon vielfältig verwendet werden. Der Korb kann auf einem Tisch, einer Säule, im Regal oder auf der Fensterbank platziert werden. Das kraftvolle Violett des Hahnenkamms wirkt sehr lebendig und bekommt von unten durch die Bartnelken, bei denen sich noch Weiß in den Blüten dazugesellt, einen kleinen Spot, der den Blick führt. Sind die Pflanzen in ausreichend großen Töpfen, kann man sie einfach in diesen Korb stellen und muss sie nicht zwangsläufig einpflanzen. So bleibt man variabel in der Kombination.

3. Fröhliche Mischung

_ *kraftvolle Farben*

_ *Topfblumen zum Auswechseln*

_ *vieles aus Samen selbst ziehen*

Die weißen Wände und Möbel bieten eine erfrischende Bühne für die bunte Mischung an Sommerblumen. Sie wirken in der Zusammenstellung sehr modern und doch sind Kapuzinerkresse, Schmuckkörbchen, Zinnie, Studentenblume, Malve, Sonnenblumen und Löwenmäulchen auch die Hauptakteure im sommerlichen Bauerngarten. Man kann sie alle aus Samen selbst anziehen und so natürlich eine Menge Geld sparen. Im Kasten am Balkongeländer sorgt eine bunte Zinnienparade für einen perfekten Sichtschutz. Die Pflanzen, die im Laufe des Frühsommers knapp einen halben Meter hoch werden, verhindern, dass der Nachbar von gegenüber auf den Tisch schauen kann. Im Hintergrund ist ein Leiterregal aufgestellt, auf dem die einzelnen Pflanzen in Übertöpfen für kräftige Farbtupfer sorgen. Der Vorteil ist, dass man schnell mal für eine Veränderung sorgen kann, indem man die Plätze wechselt. Links steht noch ein großer Busch von hellrosa Schmuckkörbchen. Er ist wie eine Wolke, die sich beim Blick aus der Wohnung wie ein Schleier vor die kräftig gefärbten Sommerblumen legt. Dadurch wird die Fülle der Pflanzen gleichzeitig mit Leichtigkeit akzentuiert. Bei diesem Balkon gibt es so viele Blumen, dass man aus Zinnien, Schmuckkörbchen und Malve sogar den einen oder anderen Strauß binden kann. Die Pflanzen danken es und treiben neu durch. Natürlich muss man hier immer viel gießen und auch für ausreichend Nachschub an Nährstoffen sorgen. Am besten nimmt man eine hochwertige Blumenerde.

1. Kapuzinerkresse

_ *aus Samen zu ziehen*
_ *überhängender Wuchs*
_ *essbare Blüten*

Klassischerweise blüht die Kapuzinerkresse orangerot, aber es gibt mittlerweile zahlreiche Sorten in Dunkelrot und zarten Pastelltönen. Auch die Blätter können weißbunt gezeichnet oder rötlich sein. Für den Topf sind vor allem kompakt wachsende Sorten geeignet. Die Pflanzen entwickeln sich rasch aus Samen und sind pflegeleicht. Hin und wieder locken sie Blattläuse an, die man mit einem Wasserstrahl oder Seifenlauge absprühen kann.

2. Edellieschen

_ *'Sunpatiens' für die Sonne*
_ *kräftiger Zuwachs im Sommer*
_ *große Einzelblüten*

Edellieschen haben im Schatten einen guten Ruf. Sie wachsen problemlos und blühen üppig. Der einzige Nachteil bislang: In der Sonne haben sie schlappgemacht. Mit der neuen Sortengruppe der sogenannten 'Sunpatiens' ist das nun kein Problem mehr. Sie vertragen die volle Sonne. Die Blüten haben leuchtende Farben, die sich gut vom Grün der Blätter abheben. Im Laufe des Sommers bilden die Pflanzen große Büsche. Grundsätzlich sind die Wurzeln von Fleißigen Lieschen salzempfindlich. Daher pflanzt man sie in eine normale Gartenerde und gibt alle zwei Wochen – in der Wachstumsperiode wöchentlich – eine schwache Dosis Nährstoffe zum Gießwasser. Dabei beachten, dass man niemals den trockenen Wurzelballen mit dem Düngerwasser begießt, sondern ihn zunächst anfeuchtet.

mit Kraft & Wärme

3. **Studentenblumen**

_ *viele verschiedene Sorten*

_ *brauchen viel Wärme*

_ *passen zum Landhausstil*

Von dicken ballförmigen Blütenständen bis hin zu zarten, kleinen Blüten gibt es Sorten der Studentenblume, gerne auch nach dem botanischen Namen »Tagetes« genannt. Die kleinblumigen Sorten wirken fast wie Wildblumen, die großblumigen dagegen haben eine sehr intensive Farbwirkung, die schnell dominant wirkt. Eine Kombination mit kleinblumigen, locker wachsenden Sommerblumen bietet sich daher an. Diese Studentenblumen haben ein herbwürziges Laub, deren Duft vor allem nach Berührung wahrnehmbar ist. Daher werden sie gerne in die Nähe von Tomaten gepflanzt, um Schädlinge abzuhalten. Das gelingt übrigens auch mit Nematoden im Boden. Sie werden von den Sommerblumen vertrieben. Man kann Studentenblumen auf der Fensterbank selbst anziehen oder auch recht kostengünstig als Jungpflanzen kaufen.

Dann kann man sich zwar meist nur schwer vorstellen, dass die kleine Pflanze tatsächlich mal richtig viel Platz braucht, aber es ist ratsam, einen großzügigen Pflanzabstand zu halten. Anderenfalls werden die Nachbarn verdrängt. Damit sich die Pflanzen gut entwickeln, benötigen sie viel Wärme und Sonne. Später ist es dann wichtig, dass der Wurzelraum groß genug ist, damit die Pflanzen gut versorgt werden. Regelmäßiges Gießen und eine gute Nährstoffversorgung fördern den Wuchs. Bei den großblumigen Sorten bietet es sich an, die welken Blüten zu entfernen. Bei den kleinblumigen ist diese nicht nötig, weil sie überwachsen werden.

4. **Elfensporn**

_ *zarte Blüten in extravaganten Rottönen*

_ *macht teilweise eine Blühpause*

_ *in milden Klimaten winterhart*

Die rosafarbenen oder korallroten Rachenblüten stehen in langen Trauben und hängen mit den Trieben leicht über. Besonders gut entwickeln sich die Pflanzen bei gleichmäßiger Wärme und viel Sonne. Es sollte allerdings nicht zu heiß werden. Staunässe lässt die Wurzeln leicht faulen. Werden die Blüten schwächer, ist es an der Zeit, die Pflanzen um etwa ein Drittel zurückzuschneiden. So wird der Neuaustrieb angeregt und es dauert etwa drei Wochen, bis die Pflanzen wieder mit neuen Blütenständen für Farbe sorgen.

5. **Hänge-Petunie**

_ *überhängender Wuchs*

_ *reichblühend*

_ *hoher Nährstoffbedarf*

Für Ampeln wie für Kästen eignen sich die Hänge-Petunien hervorragend. Häufig findet man sie unter dem Namen 'Surfinia'. Sie bilden im Laufe des Sommers eine stattliche Kaskade, an der die Blütentrichter dicht an dicht sitzen. Sie sind sehr pflegeleicht und putzen sich selbst aus. Entscheidend für den Erfolg ist es, das richtige Substrat zu verwenden. Eine spezielle Erde für diese Sommerblumen hat einen niedrigen pH-Wert, der eine gute Eisenversorgung sicherstellt. Mangelt es den Pflanzen an Eisen, erkennt man das am hellgrünen Laub. Da kalkhaltiges Gießwasser den pH-Wert in die Höhe treibt, muss man dann entsprechend mit kalkfreiem Wasser gießen. Außerdem sollte man darauf achten, dass die Gefäße eine ausreichende Größe haben, da der Zuwachs enorm ist.

6. Leberbalsam

_ *dichte Blütenstände*
_ *für kleine Lücken*
_ *passend zu Blauer Mauritius*

Durch die zahlreichen Einzelblüten sieht der Blütenstand des Leberbalsams aus wie eine Quaste. Typisch ist ein zartes Fliederblau, es gibt sie auch in Rosa und Weiß. Letztere sind nicht zu empfehlen, wenn die Pflanzen im Regen stehen, da die Blütenstände bei Nässe leicht braun werden. Die kleinen Pflanzen wachsen breitbuschig und erreichen meist eine Höhe zwischen 20 und 25 cm. Es gibt auch höhere Sorten, die für den Bauerngarten und das Schnittblumenbeet geeignet sind. Im Balkonkasten dagegen würden sie keine gute Figur machen. Für ein gleichmäßiges Wachstum ist es wichtig, dass die Pflanzen regelmäßig mit Wasser versorgt werden. Der Wechsel von Staunässe und Trockenheit macht immer wieder Probleme und geht zulasten der Neubildung von Blütenständen.

7. Blaues Gänseblümchen

_ *kleine flache Polster*
_ *zarte leichte Blüten*
_ *gleichmäßige Feuchtigkeit*

Mit den zarten Blüten entwickelt das Blaue Gänseblümchen prachtvolle Polster, die sich gut zur Unterpflanzung von Hochstämmen, zur Bepflanzung von Ampeln und für Lücken im Blumenkasten eignen. Die Pflanzen bevorzugen eine leicht saure Erde, wie man sie auch für 'Surfinia'-Petunien verwendet. So entstehen keine gelblichen Blätter. Grundsätzlich muss auch kalkhaltiges Gießwasser vermieden werden. Gleichmäßige Bedingungen sind für das Wachstum wichtig, daher sollte man das Blaue Gänseblümchen auch nicht um jeden Preis zu Beginn der Saison kaufen. Wenn es noch anhaltend kühl ist, wartet man etwas und setzt die Pflanzen erst später in die Lücke, die man reserviert hat.

Aus eigener Anzucht

Auf der Fensterbank werden beispielsweise Tomaten, Tagetes und Zinnien vorgezogen. Man beginnt Anfang bis Mitte März damit, so haben die Pflanzen zum Beginn der Sommersaison eine stattliche Größe. Überzählige Pflanzen tauscht man mit Freunden oder pflanzt sie in ein Beet im Freien.

Direktsaat wird die Alternative zum Vorziehen auf der Fensterbank genannt. Dabei werden die Samen einzeln oder in kleinen Grüppchen direkt an Ort und Stelle gesät. Das gelingt am besten mit Pflanzen wie Kapuzinerkresse, Ringelblume, Feuerbohne und Wicke. Sie alle haben große Samenkörner und wachsen nach der Keimung relativ schnell. Hat man feineres Saatgut, so kann man es mit etwas Sand mischen, damit die Samen nicht zu dicht nebeneinanderliegen. Außerdem gut für Direktsaat: Kerbel, Schnittlauch, Radieschen, Möhren und einjähriger Rittersporn.

Saatbänder sind eine sehr kostengünstige Alternative, um Balkonkästen blumig für den Sommer zu bepflanzen. Es gibt eigens Samenmischungen für Kästen. Damit die Pflanzen später ausreichend Abstand haben, um sich zu entfalten, sind die Samen zwischen zwei dünnen Papierschichten verteilt. Diese zersetzen sich durch die Feuchtigkeit, sodass die Samen ungehindert keimen können. Saatscheiben werden vor allem für Kräuter, die man im Topf ziehen will, angeboten.

Das Klima zum Keimen sollte immer möglichst feucht und warm sein. Daher bietet sich eine Abdeckung mit durchsichtiger Folie, Gläsern oder Plastikhauben an. Wenn sich die Keimblätter zeigen, wird immer öfter gelüftet und die Abdeckung entfernt, damit sich die Pflanzen an normale Bedingungen gewöhnen.

So gelingt die eigene Anzucht

1. Die Töpfe, in die gesät wird, müssen gründlich gereinigt werden. Heißes Wasser oder ein Desinfektionsmittel verhindern die Übertragung von Erregern.

2. Nur frisches Saatgut verwenden, das dunkel und kühl gelagert wurde.

3. Zur Anzucht eine nährstoffarme, lockere Aussaaterde verwenden. Bereits gebrauchte Erde in der Mikrowelle sterilisieren, damit sie wieder frei von Pilzen und Krankheiten ist.

4. Erde vor der Aussaat fest andrücken und die Oberfläche glatt streichen, damit die Samen gleichmäßig fallen und sich beim Gießen keine Kuhlen bilden.

5. Die Aussaaten sollten hell, aber nicht sonnig an einem warmen Ort aufgestellt werden.

Stimmung machen mit Blütenfarben

Der Balkon erfüllt für jeden Menschen einen anderen Zweck: mal stehen Ruhe und Erholung im Vordergrund, mal sind es Geselligkeit und Anregung. Es lohnt sich, die Frage für sich zu beantworten, denn mithilfe der Gestaltung wird die Nutzung perfekt in Szene gesetzt.

Kräftige Farben wie Rot und Orange stehen für Feuer, Wärme und Energie. Wählt man dieses Farbspektrum für die Balkonbepflanzung, dann springt der Funke direkt über. Die Stimmung steigt. Man muss aber auch wissen, dass die Energie auf einem kleinen Balkon Probleme bereiten kann, weil es dann einfach zu eng wird. Ein paar warme Violetttöne oder kühlendes Weiß können die Atmosphäre im Handumdrehen lockern und beruhigen. Ein Ambiente der Ruhe und Entspannung entsteht dagegen mit dezenten Pastelltönen. Zartes Rosa und Fliedertöne laden zum Träumen ein. Helles Blau bringt einem den Himmel auf die Erde. Allerdings ist es leicht mal etwas eintönig, wenn alles nur sanft und leicht daherkommt. So ein kleiner orangefarbener Tupfer durch die Blüten von Ringelblumen oder der Kontrast zu dunkelroten Blättern der Süßkartoffel setzen ganz fröhlich einen Akzent, der belebend wirkt. Die Temperatur der Farben spielt auch für die gefühlte Wärme eine Rolle. Wenn ein Balkon immer recht kühl und schattig ist, kann man mit gelben Blüten mehr Wärme ins Spiel bringen, als wenn man weiße Farben verwendet. Gleichwohl kann ein sonniger Balkon

mit einer gelben Grundgestaltung erfrischend wirken, wenn man weiße Blüten und weißbunt belaubte Sommerblumen untermischt. Daher macht es Sinn, sich die Farben vor dem Einkauf zu überlegen und dann spontan zu schauen, welche Pflanzen in diesem Spektrum tatsächlich wirken. Das Schöne an der Sommerblumenbepflanzung ist ja, dass man jedes Jahr wieder etwas Neues ausprobieren und sich immer mal ein anderes Styling überlegen kann.

1. Neutrale Möbel passen sich leicht mithilfe von Kissen und Decken der Farbstimmung an.
2. Kräftige Farben, vor allem Rot, spielen sich in den Vordergrund.
3. Pastelltöne mit hohem Weißanteil helfen Größe vorzugaukeln. Ideal für kleine Balkone.
4. Farbige Accessoires verstärken die Farbstimmung.

Oase zum Relaxen

Das Schattendasein wird immer mit etwas Mitleid beäugt, doch wer sich im Hochsommer in die Kühle zurückziehen kann, wird ein Loblied auf den Schatten anstimmen. Nun heißt es, nur noch die schattenliebenden Sommerblumen zusammenstellen, damit man sich wohlfühlt. Von dieser Atmosphäre kann man nicht genug bekommen und daher können dezente Gestaltungen auch sonnige Balkone wunderbar in Szene setzen und wohltuend beruhigen.

1

Blumiges für den Schatten

2

3

1. Weiß bringt Licht

_ *elegante Ausstrahlung*
_ *mit auflockerndem Blattschmuck*
_ *nur zurückhaltend düngen*

Wenn man einen Kasten auf die Innenseite des Balkons hängt, dann heißt das für viele Pflanzen, dass sie ein Schattendasein führen. Sommerblumen, die diesen Standort bevorzugen, wie die gefüllte Knollenbegonie, Fleißiges Lieschen und Efeu kommen mit der Situation gut klar. In der Sonne dagegen wachsen links kleinblumige Zinnien und rechts das kleinblättrige graulaubige Helichrysum. Letzteres webt seine Triebe durch die Bepflanzung. Wichtig ist, dass man regelmäßig die Feuchtigkeit kontrolliert, denn die Wärme lässt viel Wasser verdunsten, auch wenn es schattig ist. Die Fleißigen Lieschen kann man auch etwas zurückschneiden, wenn sie zu üppig werden.

2. Kunterbunte Fröhlichkeit

_ *immer dichter im Laufe des Sommers*
_ *verschiedene Blütenformen*
_ *pflegeleicht*

Fleißige Lieschen, Fuchsien und Begonien – wenn man die Mischung hört, könnte man sich sorgen, dass das sehr bieder und altmodisch aussieht. Da aber die Farben kräftig und fast etwas gewagt in dem lilafarbenen Kasten kombiniert werden, sieht diese Bepflanzung richtig pfiffig und frisch aus. Die Pflanzen kommen mit schattigen und halbschattigen Plätzen sehr gut zurecht. Wichtig ist ein regengeschützter Standort, damit die Blätter nicht anhaltend nass sind. Sonst können sich leicht Mehltaupilze ausbreiten. Gedüngt wird mäßig, am besten mit Flüssigdünger.

3. Blüten mit Ausdauer

_ *variable Blütenfarben*
_ *Gräser als grüne Akzente*
_ *Accessoires als Farbverstärker*

Ein schattiger Balkon erwacht aus seinem Dornröschenschlaf, wenn man helle, klare Farben verwendet, wie zum Beispiel die Bauern-Hortensien. Die klaren, himmelblauen Blüten entwickeln sich langsam. Und weil es eigentlich Hochblätter und keine Blütenblätter sind, die die Farbe tragen, welken sie nicht und fallen nicht ab, sondern vergrünen ganz langsam. Wem die Farbe dann in der zweiten Sommerhälfte zu schwach wird, der kann einfach noch ein paar Hortensienblüten in die Vase stellen. Sie halten sich auf dem schattigen Balkon sehr gut. Das Blau des Himmels wird zusätzlich über die Gardine, die hier in erster Linie als Sichtschutz dient, die Möbel und die Gefäße ins Spiel gebracht. Als Auflockerung der kompakten, ballförmigen Blütenstände eignen sich die hohen Gräser. Sie stehen in Zinkeimern, die ihnen ausreichend Wasserspeicher bieten. Bei dieser Gestaltung bietet es sich an, in die Gefäße für Hortensien und Gräser unten eine mehrere Zentimeter hohe Schicht Blähton zu geben. Sie verhindert, dass die Wurzeln dauerhaft im Wasser stehen, und bietet gleichzeitig einen Wasservorrat, der von Vorteil ist, wenn man nicht ständig zu Hause ist. Ansonsten ist es gut, wenn die Hortensien ungefähr einmal in der Woche getaucht werden. So stehen sie nicht dauerhaft nass, aber der Wurzelballen kann sich richtig vollsaugen. Gräser und Hortensien sind mehrjährig. Man rückt sie nahe an die Hauswand und achtet darauf, dass der Ballen im Winter nicht austrocknet. Bei starkem Frost wird die Wurzel mit Decken geschützt.

1. Fleißiges Lieschen

_ *Dauerblüher*
_ *empfindliche Wurzeln*
_ *viele verschiedene Formen*

Das Fleißige Lieschen wirkt mit seinem betulichen Namen altmodisch, aber es ist eine zuverlässige Blühpflanze für den Schatten. Sie möchte gleichmäßig feucht gehalten werden und schwach dosiert Nährstoffe bekommen. Die Blüten putzt sie selbst aus und das Sortenspektrum reicht von Weiß über Lachs und Rosa bis zu Korallenrot. Einige Sorten haben zweifarbige Blüten. Besonders hübsch sind die gefüllten Sorten, die an Rosen erinnern.

2. Duftsteinrich

_ *mit leichtem Honigduft*
_ *blüht bis in den Winter*
_ *bildet flache Kissen*

Mit Sonne und Schatten kommt der Duftsteinrich gleichermaßen klar. Die Pflanze ist nicht spektakulär, aber sie füllt mit ihren sich unermüdlich erneuernden Blütenständen Lücken und schäumt zwischen markanten Sommerblumen mit großen Blüten hervor, um Leichtigkeit zu verbreiten. Die Pflanze sollte nur mäßig feucht stehen, damit sie sich gut entwickelt. Ein Rückschnitt ist in der Regel nicht notwendig, weil die modernen Sorten durchblühen. Sollte die Neubildung der Blüten ins Stocken kommen, hilft der Griff zur Schere, um das Wachstum wieder anzuregen. Es gibt Sorten mit gelb gerandetem Laub.

garantiert viele Blüten

3. Fuchsie

_ *vielgestaltiger Schattenklassiker*
_ *verschiedene Wuchsformen*
_ *leicht zu überwintern*

Kaum eine Pflanze für den Schatten hat so viele verschiedene Sorten. Dies beruht vor allem auf den unterschiedlichen Wuchs- und Blütenformen. Darüber hinaus variieren die Rot- und Rosatöne. Die glockenförmigen, dicken Blüten haben eine wunderbare Fernwirkung, während die zarten, länglich gestreckten Formen eher dezent sind und erst bei näherer Betrachtung ins Auge fallen. Die Pflanzen werden grundsätzlich leicht feucht gehalten und schwach dosiert gedüngt. Wenn die Blühfreudigkeit abebbt, hat das vor allem den Grund, dass sich Früchte gebildet haben. Die kleinen Knübbelchen knipst man ab und nach wenigen Tagen sprießen neue Blütenknospen. Die Überwinterung in dunklen, kühlen Räumen ist relativ leicht, hin und wieder etwas Wasser auf den Ballen geben.

4. Weiße Wolfsmilch

_ *weiße Wolke für Schatten und Sonne*
_ *anspruchslos und pflegeleicht*
_ *idealer Lückenfüller*

Diese Wolfsmilch trägt den Sortennamen 'Diamond Frost' und unter dieser Bezeichnung wird die Pflanze meist angeboten. Eng verwandt mit dem Weihnachtsstern, ist sie ein Multitalent, denn es gibt fast keine gärtnerische Verwendung, für die sie nicht infrage kommt. Schatten wie Sonne verträgt sie gut. Sie wächst und blüht zugleich. Bis zum Ende des Sommers erreicht sie eine Höhe von etwa 30 Zentimetern. Mit dem dichtbuschigen Wuchs kann man sie als Einzelpflanze in Kübel setzen, unter Hochstämmchen pflanzen und in Kastenbepflanzungen integrieren. Trockenheit lässt sie langsamer wachsen, aber sie ist wirklich sehr tolerant und übersteht schadlos ein paar sonnig warme Tage ohne Gießen. Der erste Eindruck täuscht: Trotz graziler Erscheinung ist sie äußerst robust.

5. Begonie

_ *vielgestaltige Gattung*
_ *kräftige Blütenfarben*
_ *große Wuchsfreude*

Alle Begonien zeichnen sich durch Blätter und Triebe mit einer fast fleischigen Substanz aus. Sie bilden zahlreiche Blüten den ganzen Sommer über und haben einen deutlichen Zuwachs. Am besten wachsen sie im Halbschatten. In der Sonne ist es ganz wichtig, dass eine gleichmäßige Bodenfeuchtigkeit gewährleistet ist. Hinsichtlich des Standortes sollte man auf einen guten Windschutz achten, denn die Triebe brechen leicht ab. Für Knollen- und Girlandenbegonien ist der Regenschutz ebenso wichtig, damit sich keine Blattpilze wie Mehltau ausbreiten. Auch beim Gießen darauf achten, dass die Blätter nicht zu nass werden. Gedüngt wird im Sommer am besten wöchentlich mit Flüssigdünger.

Knollenbegonien wachsen aus einer Knolle, die man in die Erde legt. Wichtig ist, dass sie gleichmäßig warme Temperaturen zum Treiben haben. Daher ist die Vorkultur auf der Fensterbank ratsam. Man kann auch fertige Pflanzen kaufen und sie nach den Eisheiligen pflanzen. Die gefüllten Blüten erreichen die Größe von Tischtennisbällen. Auch für sie ist der regengeschützte Standort von Vorteil.

Girlandenbegonien haben längliche Blüten und lang herunterhängende Triebe. Sie sind besonders gut für hohe Gefäße oder Ampeln geeignet.

Eisbegonien Die kleinen Begonien wirken zunächst unmodern. Aber sie sind ideal für Gefäße im Schatten. Sie blühen nämlich unermüdlich und stellen keine großen Ansprüche. Besonders hübsch sind die gefüllten Sorten, deren Blüten wie kleine Rosen aussehen.

Was im Schatten zu beachten ist

1. Weniger Licht bedeutet auch immer weniger Wärme. Daher lieber Ende als Mitte Mai mit der Bepflanzung beginnen.

2. Die Feuchtigkeit hält sich im Schatten länger. Daher immer für eine gute Durchlüftung sorgen und behutsam gießen.

3. Der Blütenreichtum fällt im Schatten etwas schwächer aus, dafür halten die Blüten deutlich länger.

4. Im Schatten können sich Blattfarben verändern. Weiß- oder gelbgrüne Sorten vergrünen zum Beispiel, wenn zu wenig Licht vorhanden ist.

5. Der Nährstoffverbrauch ist deutlich geringer, weil das Wachstum schwächer ist. Daher immer etwas schwächer düngen.

6. **Hortensie**

_ *große Blütenstände*
_ *lange Blütezeit*
_ *große Pflanzen*

Die Scheinblüten der Hortensien wirken eindrucksvoll und bringen im Handumdrehen viel Farbe auf den schattigen Balkon. Eine tolle Neuerung im Sortenspektrum sind die mehrmals blühenden Formen. Unter den Namen 'Endless Summer', 'Everbloom' und 'Forever & Ever' sind in den vergangenen Jahren zahlreiche neue Sorten in den Handel gekommen. Sie bilden immer wieder frische Blüten, wenn man Verblühtes entfernt. Ebenso ist es nicht so schlimm, wenn die Terminalknospe entfernt wird. Wichtig: Sie müssen stetig mit Dünger versorgt werden.

1. Ein großer Topf mit viel Erde versorgt die Hortensie gleichmäßig mit Wasser.

2. Tägliches Gießen ist im Sommer unerlässlich, denn der Bedarf ist hoch.

3. Abgeblühtes wird im Frühling entfernt, aber Vorsicht: In der obersten Knospe steckt bereits wieder die neue Blüte.

4. Im Winter die Pflanzen geschützt stellen und den Topf gut gegen Kälte isolieren.

Farbe ja – aber ohne Blüten

1. Gundermann

_ *lange überhängende Triebe*
_ *für Schatten und Halbschatten*
_ *Rückschnitt möglich*

Die rundlichen Blätter an den Trieben tragen unregelmäßige weiße Flecken, die im Schatten wie Lichtreflexionen wirken. Daher lockert diese Blattschmuckpflanze angenehm auf. Gleichmäßige Feuchtigkeit und regelmäßiges Düngen sind die Voraussetzungen für ein gutes Wachstum. Sollten die Triebe mal zu lang werden, kann man sie getrost einkürzen. In der Sonne bekommen die Blätter leicht braune Flecken, daher sollte man hier auf diese Pflanze verzichten. Aber man kann in der Sonne den Weihrauch als vergleichbaren Blattschmuck verwenden. Die Blätter sind etwas größer, leicht behaart und die jungen Triebe wirken etwas steifer, bis sie hängen.

2. Taubnessel

_ *mehrjährige Staude*
_ *silbrige Blätter*
_ *rosafarbene Blüten*

Die kleinen, langen Triebe legen sich wundervoll zwischen andere Pflanzen, flach über die Topfoberfläche und sorgen mit den silbrigen Blättern für eine helle, freundliche Note. Dazu erscheinen den ganzen Sommer über die kleinen rosafarbenen Blüten, die besonders kräftig leuchten. An einem schattigen bis halbschattigen Platz sind diese Stauden wirklich pflegeleicht und auch tatsächlich mehrjährig zu halten. Im Frühjahr schneidet man sie etwas zurück, damit sie neu und frisch austreiben. Winterliche Nässe sollte allerdings vermieden werden.

3. Buntnessel

_ *eigentlich eine Zimmerpflanze*
_ *viele verschiedene Farben*
_ *verträgt kräftigen Rückschnitt*

Es ist eine ungewöhnliche Karriere, die die Buntnessel durchlebt. Sie war einst eine sehr beliebte Zimmerpflanze: robust, wüchsig und nahezu unkaputtbar. Doch die Zeiten änderten sich und die Buntnessel wurde als altmodisch und bieder verpönt. Aber sie ist wieder aufgetaucht und verzaubert nun den Balkon. Ihre Rückkehr hat sie vor allem ihrem Blattwerk zu verdanken, das von der Form vielgestaltig ist und mit ganz ungewöhnlichen, sehr auffälligen Farbkombinationen spielt. Von hellem Gelb über frisches Grün bis Orange, Bronze, Kupfer sowie Himbeerrot und Burgundertönen ist alles denkbar. Die Pflanze selbst ist sehr pflegeleicht. Sie braucht Wasser und versorgt mit ausreichend Nährstoffen, wächst sie auch kräftig und bildet die Farben zuverlässig aus. Hinsichtlich des Standortes verträgt sie Schatten und Halbschatten problemlos. Wer Buntnesseln in die Sonne stellen will, sollte die rotlaubigen Typen bevorzugen. Mitunter wachsen die Pflanzen sehr kräftig, sodass ein Rückschnitt erforderlich ist. Ebenso verlieren sie durch die Blütenbildung deutlich an Ausdruckskraft. Daher sollte man die Blütenansätze ausknipsen, sowie man sie entdeckt. Wenn die Balkonsaison im Herbst ihrem Ende zugeht, kann man die Buntnesseln ins Haus holen. Ein kühles, helles Zimmer ist zu bevorzugen. Die Triebe kann man kräftig zurückschneiden. Gemäß dem Bedarf wird ein bis zwei Mal in der Woche gegossen. Im Frühling werden die Pflanzen in frische Erde getopft und nochmals zurückgeschnitten, damit sie wieder kräftig durchtreiben.

Jetzt kommt Licht in den Schatten

Helle Farben beleben den Balkon, wenn sich die Sonne rarmacht. Durch das Fehlen der natürlichen Lichtspiele wirkt eine Fläche sehr flach und eindimensional. Um dieser Wirkung etwas entgegenzusetzen, kann man gezielt Pflanzen mit hellen, duftigen Blüten und interessanter Laubzeichnung in Szene setzen.

Blüten, die weiß sind, werden gerne für den Schatten empfohlen, weil sie das Licht optimal reflektieren. Vom Grundsatz her ist das richtig, allerdings ist Weiß als Farbe von Schnee und Eis immer auch sehr frostig. Wenn es nun ohnehin schon an wärmenden Sonnenstrahlen fehlt, dann wird die Atmosphäre nicht verbessert. Als angenehm wärmend wird immer ein goldenes Gelb empfunden, was man ideal mit Weiß mischen kann. Im Schatten sind es beispielsweise Gauklerblumen und Pantoffelblumen, die gelb blühen. Gemischt mit ein paar Schneeflockenblumen, der Wolfsmilch 'Diamond Frost' und Taubnesseln mit silbrigem Laub entsteht ein angenehme Atmosphäre.

Eine weiteres gutes Mittel, Helligkeit ins Spiel zu bringen, sind die Blätter. Gundermann, Efeu und weißbunte Minze sorgen für etwas Lichtreflexion mit den weißen Blattzeichnungen. Sie lassen sich gut zu Schattenklassikern wie Begonien, Impatiens und Fleißigen Lieschen pflanzen. Will man im Schatten Ruhe mit Blattschmuck schaffen, haben sich die Funkien bewahrt. Eigentlich sind es Schattenstauden, aber sie lassen sich sehr gut in Kübeln dauerhaft kultivieren. Die Sortenvielfalt ist sehr groß und man findet viele weiß oder gelb gemusterte Formen. Man muss bei dem weißbunten Blattschmuck nur berücksichtigen, dass Kontraste von Grün, Weiß und Gelb schwächer ausfallen, wenn es wirklich extrem dunkel ist. Man spricht vom Vergrünen, einem Prozess, der rückgängig gemacht werden kann.

Das belebt den Schatten

1. Verspiegelte Kugeln fangen zusätzlich Licht ein und reflektieren es.

2. Sogenannte Sonnenfänger bringen das Licht zum Leuchten.

3. Klangspiele aus Messing glitzern nicht nur schön, sondern sprechen auch den aktustischen Sinn an.

4. Ein Wasserspiel in einem kleinen Fass macht den Schatten zu einer Oase der Erholung und Ruhe.

5. Ein blauer Vorhang ersetzt den Blick in den Himmel.

Spiel mit Blütenformen

Gleiche Blütenformen passen gut zueinander. Allerdings sollte man durch unterschiedliche Größen der Blüten oder verschiedene Farben für Auflockerung sorgen. So eine Kombination kann man mit Sonnenblumen, Husarenknöpfchen, Goldzweizahn und Ringelblumen zusammenstellen.

Aufstrebende Kerzen, wie bei Salbei, Rittersporn (beide rechts im Bild) und Schaumblüte (siehe Seite 24), betonen die vertikale Achse einer Pflanzung. Sind sie hoch und im Hintergrund, dann wirkt die Bepflanzung eher schmal. Von der Wirkung ist diese Blütenform dominant.

Flache Scheiben haben immer eine kräftige Farbwirkung. Margeriten, Hornveilchen, Schmuckkörbchen und Eisenkraut zeigen dieses Phänomen, das auch bei den weit geöffneten Trompeten von Zauberglöckchen und Petunien erkennbar wird. Man muss nur berücksichtigen, dass sich die Blüten immer in Richtung Sonne ausrichten. Sonnenblumen auf einem Südbalkon müssen also möglichst nah am Fenster und nicht an der Brüstung stehen.

Kleine Blüten, wie die von Vanilleblume, Wolfsmilch und Schneeflockenblume, wirken vor allem dadurch, dass sie zahlreich sind. Bei der Vanilleblume ergänzen sie sich zu einem kompakten Blütenstand. Bei der Wolfsmilch ist der Blütenstand eher duftig wie eine Wolke und bei der Schneeflockenblume sind die Blüten gleichmäßig an den überhängenden Trieben verteilt.

Gefüllte Blüten haben immer eine sehr intensive Farbwirkung, weil sie viele Blütenblätter tragen. Gleichzeitig wird die Wirkung dadurch verstärkt, dass die Fortpflanzungsorgane fehlen und entsprechend die Blütenblätter länger haften.

Ein Fest der Farben

Auf in den Herbst

Wenn die Wärme nicht mehr reicht, um das Wachstum anzukurbeln, wird es Zeit für den Wechsel von Sommerblumen zu Herbstblühern, fruchttragenden Topfpflanzen, Gräsern und Blattschmuckpflanzen. So wird das Ende der Saison gewiss furios und noch einmal sehr dekorativ. Denn je nach Witterung kann es im September und Oktober noch mal so schön werden, dass man den Sitzplatz auf Balkon und Terrasse gerne genießt. Die Pflanzen für die Herbstgestaltungen halten bis in den Winter.

1

jetzt leuchten die Farben

2

3

1. Fruchtschmuck

_ *kleiner Blickfang*

_ *lange Haltbarkeit*

_ *auch für den Kasten vor dem Fenster*

Die Situation ist ganz einfach: zwei prächtige Exemplare von Zierpfeffer in zwei schlichten Tontöpfen. In das Farbenspiel der gelbgrünen bis feurigroten Schoten stimmen Zieräpfel ein. Die einen als kleines rundes Kränzchen an dem Wandregal aus Zink. Die anderen, die so ganz zufällig zwischen den Töpfen liegen. Und dennoch macht dieses Arrangement richtig etwas her. Die Wirkung wird lange anhalten, denn es gibt hier kein Verblühen, das der Pracht ein Ende bereitet. Und pflegeleicht ist der Zierpfeffer auch. Hin und wieder taucht man die Töpfe in Wasser, damit sie sich vollsaugen können, und lässt anschließend das überschüssige Wasser ablaufen.

2. Gräser als Begleiter

_ *kleine Gestaltung*

_ *rote Beeren als Akzent*

_ *sehr pflegeleicht*

Wenn die Tage wieder kürzer werden, geht es nicht darum zu klotzen, sondern kleine, feine Blickfänge zu schaffen. Diese kleine Wanne wird auf jeden Fall lange halten: Die roten Beeren der Scheinbeere leuchten bis in den Frühling und die gelben Blätter des Goldkalmus flattern den ganzen Winter hindurch. Die weiße Heide ist ein Knospenblüher, das heißt, die Knospen öffnen sich nicht und können folglich nicht welken. Farblich passend zum Gras liegt ein Maiskolben zur Dekoration auf dem Tisch. Er wird sicher nur so lange halten, bis ihn die Vögel entdeckt haben.

3. Furiose Farben

_ *großblumige Chrysanthemen*

_ *gleichmäßig gießen*

_ *Verblühtes austauschen*

Kräftige Farben sind wie Energiespender, die sich mit aller Kraft gegen die Tristesse des Herbstes stemmen. Aufgetrumpft wird hier mit Chrysanthemen, die in verschiedenen Größen und Formen auf dem Balkon arrangiert werden. Dabei liegt zwischen den vorwiegend himbeerrosa Blüten und den orangeroten Übertöpfen ein gewisser Bruch. Ein weiterer Rotton, der nicht 100-prozentig passt, kommt durch den roten Stuhl mit dem Kissen ins Spiel. An diesen kleinen Disharmonien entstehen Wachheit und Energie. Ideal zum Nachmachen ist auch die Tatsache, dass die Chrysanthemen alle einzeln im Topf stehen. Das bedeutet, man kann sich langsam steigern. Erst werden nur zwei Töpfe gekauft, dann ein weiterer, wenn man eine kleine Aufmunterung benötigt. Und genauso sieht es dann aus, wenn mal eine Pflanze welkt. Es wird nicht alles auf einmal verschwinden, sondern ganz langsam geht der Balkon dann in den Winterschlaf und an die Stelle der Chrysanthementöpfe rückt eine kleine Zuckerhutfichte oder ein großer Strauß mit Koniferenzweigen. Der Kranz aus Getreideähren weicht einem immergrünen Ilexkranz und schon wird alles adventlich. Zwischen den Blumen findet das Auge allerhand Kleinigkeiten vom Granatapfel über Kürbis bis hin zu Zapfen und gefärbten Ahornblättern. Diese Farbenvielfalt lässt einen noch mal die Buntheit der Natur und dieser dritten Jahreszeit voll auskosten, denn eines ist gewiss: Es dauert, bis man wieder so üppige Blüten auf dem Balkon bestaunen kann.

1. Fetthenne

_ *große Blütenstände*

_ *interessantes Laub*

_ *mehrjährig*

Eigentlich ist es eine herbstblühende Staude für den Garten, die immer häufiger auch den Weg auf den Balkon findet. Die rosafarbenen Blütenstände entfalten sich ab September zu breiten Schirmen, die immer farbiger werden. Selbst im Winter, wenn die Farbe längst vergangen ist, sehen die Blütenteller noch dekorativ aus. Die Pflanze selbst ist recht anspruchslos. Nur Staunässe und starke Feuchtigkeit sollte man vermeiden.

2. Chrysantheme

_ *vielgestaltige Blüten*

_ *blüht bis in den Winter hinein*

_ *zahlreiche Wuchsformen*

Die Winterastern werden mittlerweile ganzjährig angeboten. Das hat zwei Gründe: Sie blühen zuverlässig und lassen sich in der Blütenbildung steuern. Eigentlich sind es die Pflanzen, die kurz vor dem Wintereinbruch blühen und sich mit den kräftigen Blütenfarben quasi durch den Herbstnebel kämpfen. Die Farben- und Blütenfülle bietet viele Gestaltungsmöglichkeiten an. Darüber hinaus gibt es die sogenannten 'Garden-Mums' – kugelig geformte Blütenbüsche. Wichtig ist, dass die meist kräftig durchwurzelten Ballen ausreichend feucht sind, denn durch die dichten Triebe gelangt kaum Regenwasser zu den Wurzeln.

robuste Schönheiten

3. **Erika**

_ *typischer Dauerblüher*
_ *gehört zu den Heidekrautgewächsen*
_ *hübsch für kleine Kränze*

In den Herbstwochen gibt es diese kleinen Büsche in vielen verschiedenen Formen. Es gibt sie in Weiß, Rosa und Rot. Die kleinen Blüten hängen dicht an den Zweigen. Mittlerweile wird nicht nur durch die Züchtung versucht, dem Kunden neue Formen anzubieten, sondern auch durch gärtnerische Veredelung. So gibt es beispielsweise rot und weiß blühende Sorten in einem Gefäß. Das wirkt besonders locker und wird im Handumdrehen zum Motto für eine Bepflanzung. Sehr unnatürlich wirken dagegen die eingefärbten Sorten. Grundsätzlich wird Erika in eine normale bis leicht saure Gartenerde gepflanzt. Da die Pflanzen nicht mehrjährig gehalten werden, ist das kein Problem. Man sollte sie immer gleichmäßig feucht halten, damit sie möglichst langsam verblühen. Erika blüht bis in den Winter hinein. Neben der klassischen Erika gibt es die Winterheide, die durch ihre flach wachsenden Triebe auffällt. Sie wird gerade einmal 25 cm hoch. Daneben gibt es die Besenheide, die vor allem mit ihren knospenblühenden Sorten immer mehr Popularität erlangt. Sie haben den Vorteil, dass bereits die Knospen intensiv gefärbt sind und sie sich nicht öffnen. So können sie nicht verblühen und die Farbwirkung bleibt lange, meist bis weit in den Winter, erhalten. Diese Eigenschaft ist vor allem typisch für die Handelsmarke 'Garden Girls'. In der Kombination mit anderen Pflanzen sind alle Heidekrautgewächse flexibel. Man sollte allerdings darauf achten, dass die Gestaltungen modern und fröhlich wirken, denn das Image der Pflanzen ist zu Unrecht verstaubt und altmodisch.

1

kräftige Farben zum Ende

2

3+4

1. Purpurglöckchen

_ *mehrjährige Staude*

_ *wintergrünes Laub in vielen Farben*

_ *für Sonne und Schatten*

Diese Staude erobert mit zahlreichen Sorten das Sortiment der Herbstblüher. Dabei geht es allerdings nicht um den Blütenschmuck, sondern um die wunderschönen, rot, bronze und olivgrün gefärbten Blätter dieser Staude. Sie verträgt Sonne und Schatten zugleich, verzeiht es, wenn man vergisst zu gießen, und braucht eigentlich auch nur gelegentlich etwas Dünger. Sie passt sehr gut zu Gräsern und blauem Herbstenzian. Das Glück mit dieser Pflanze wird nur durch den Dickmaulrüssler getrübt. Er liebt wie sie das lockere Substrat, legt darin häufig seine Larven ab und die fressen die ganzen Wurzeln weg. Man erkennt es meist zu spät, wenn die Pflanzen welken.

2. Herbstaster

_ *leuchtende Farben am Morgen*

_ *knospig kaufen*

_ *gleichmäßig gießen*

Das Lilablau der Herbstastern leuchtet vor allem in den Morgenstunden, wenn die Blüten von Tau überzogen sind, besonders kräftig. Man kauft die Pflanzen möglichst in einem knospigen Zustand und hält sie anschließend gleichmäßig feucht, damit sie bis zur letzten Blüte vollständig verblüht. Da die Ballen meist sehr kompakt sind, bietet es sich an, sie in einem Eimer zu tauchen, damit sie sich richtig vollsaugen können. Anfangs gibt man auch etwas Dünger in das Gießwasser. Man kann versuchen, die Pflanzen im Anschluss in den Garten zu setzen und weiter zu kultivieren.

3. Alpenveilchen

_ *lange Blütezeit*

_ *dekorativ gemusterte Blätter*

_ *verträgt problemlos Nachtfröste*

Die im Herbst angebotenen Alpenveilchen für das Freiland sind eine Mischung aus den großblumigen Sorten für die Wohnung und den kleinen, winterharten Knollenpflanzen. Neben den sehr kräftig gefärbten Blüten sind auch die Blätter attraktiv. Wichtig ist eine gleichmäßige Feuchtigkeit des Bodens während der Blüte. Staunässe sollte unbedingt vermieden werden, weil die dicken Knollen das übel nehmen. Beim Einkauf sollte man darauf achten, dass unter den Blättern noch reichlich Knospen sitzen. Damit sie sich schön entwickeln, gibt man etwa alle zwei bis drei Wochen eine niedrige Dosis Blühpflanzendünger zum Gießwasser.

4. Torfmyrthe

_ *Farbschmuck durch Beeren*

_ *hält bis in den Winter*

_ *auch mit weißen Früchten*

Die dicken rosafarbenen Früchte verstärken die Farbwirkung der rosafarbenen Herbstblüher. Es gibt auch eine weißfrüchtige Sorte. Rote Beeren hat eine nahe Verwandte, die Scheinbeere. Sie alle bevorzugen eine saure Erde, im Topf zum Beispiel Rhododendronerde. Zusammen mit Erika ist das kein Problem. Alpenveilchen bevorzugen kalkhaltige Böden. Unverträglichkeiten vermeidet man, indem man getrennte Gefäße verwendet wie im Bild links. Der Boden sollte gleichmäßig feucht sein. Sie bevorzugen den Halbschatten, im Herbst vertragen sie auch volle Sonne.

5. **Zierkohl**

_ *kraftvolle Wirkung*
_ *lange Haltbarkeit*
_ *pflegeleicht*

Die prachtvollen Rosetten des Zierkohls sind ein wunderbarer Farbtupfer in einer Bepflanzung. Es gibt sie in Violett und Weiß. Sie füllen größere Lücken zwischen Herbstastern und Erika perfekt aus. Im Prinzip sind sie vollkommen anspruchslos, da sie nicht mehr wachsen und sehr derbe Blätter haben. Die Leuchtkraft allerdings wird durch die tiefen Temperaturen noch gesteigert. Wenn man merkt, dass am Stängel die Rotte beginnt, wird es Zeit, den Zierkohl wegzu schmeißen, denn wie alle Formen von Kohl verbreitet er beim Verrotten keine Wohlgerüche.

6. **Schönkopf**

_ *bizarre Formen*
_ *schön für die Wintertage*
_ *braucht bunte Partner*

Diese Pflanze sieht aus wie ein Knäuel von silbergrauem Draht. Die Blätter liegen ganz eng an und eigentlich merkt man erst nach dem Winter, dass die Triebe nicht mehr ganz so kräftig sind. Ansonsten verändert sich die Pflanze so gut wie gar nicht. Die Form ist annähernd kugelig. Sie kann auch durchaus noch ein bisschen zurechtgeschnitten werden. Als dauerhaftes Beiwerk macht sie eine gute Figur und bringt lichte Aspekte in die herbstliche Bepflanzung. Die Pflanze passt sehr gut zu Alpenveilchen, weil sich das filigrane Astwerk in der Maserung der Blätter wiederholt. Sie lockert die kompakte Wirkung von Herbstastern und Winterchrysanthemen auf. Als Partner von Besen- und Winterheide webt sich der Schönkopf in die feinen Triebe.

Jetzt wird getauscht

Bei guter Pflege sind im Herbst die Petunien, weiße Wolfsmilch und Blaues Gänseblümchen noch gut in Schuss. Es wäre schade, sie wegzuwerfen. Es werden daher nur die Sommerblumen ausgewechselt, die tatsächlich über ihren Höhepunkt hinweg sind. Den Wurzelballen schneidet man mit einem langen Küchenmesser aus dem dicht durchwurzelten Erdreich im Kasten oder Kübel heraus. Dann gibt man etwas frische Blumenerde in das Loch und pflanzt in die Lücke beispielsweise ein Heidekrautgewächs oder eine Herbstaster. Wichtig: Die Pflanzen sollten farblich zueinander passen, damit das Gesamtbild auch im Herbst harmonisch wirkt.

1. Im Herbst brauchen die Pflanzen weniger Wasser. Immer erst mal die Fingerprobe machen.

2. Dünger ist nicht mehr notwendig, weil die Pflanzen jetzt nur noch blühen und dann in die Ruhe gehen.

3. Damit die Bepflanzung immer schön aussieht, entfernt man welke Blüten.

4. Wenn es einen verfrühten Frost gibt, deckt man die Kästen und Kübel nachts mit Vlies ab.

Gemütliche Lichter

Kerzen brauchen ein Glas oder eine Laterne, damit das Licht auch bei Wind und Regen flackernd für Stimmung sorgt. Am besten sind große Stumpenkerzen, weil sie viele Wochen halten. Wichtig: Tagsüber sollten sie nicht in der Sonne stehen, sonst kann es in dem Glas mal warm werden und die Kerzen werden weich und krumm.

Lichterketten müssen für den Außenbereich geeignet sein, damit es nicht zu elektrischen Schäden kommt. Sie werden in die Pflanzen verwoben und mit den kleinen Lämpchen entstehen an den Pflanzen auch keine Schäden. Wer ganz auf Nummer sicher gehen will, der verwendet LEDs. Damit das weiße Licht gemütlicher wird, kann man beispielsweise die Früchte der Lampionblume über die Glühbirnen stülpen.

Laternen aus Papier machen nur Sinn, wenn der Balkon tatsächlich wind- und regengeschützt ist; ansonsten nehmen sie Schaden. Man beleuchtet sie mit elektrischen Kerzen. Große Laternen aus Glas und Metall können im Herbst mit Eicheln, Esskastanien und Bucheckern dekoriert werden. In der Adventszeit sind es dann Zapfen, rote Äpfelchen und Weihnachtskugeln.

Apfel und Kürbis

Früchte ergänzen im Herbst die Arrangements mit den Blumen. Rotschalige Äpfel, goldgelbe Quitten und die vielgestaltigen Kürbisse sehen zwischen Heidekraut, Astern und Chrysanthemen sehr schön aus. Am besten legt man sie auf etwas Stroh auf die Erde, damit sie trocken liegen und man die Früchte hinterher genießen kann. Es wäre zu schade, die Köstlichkeit wegwerfen zu müssen.

Fruchtige Deko und Kerzenschein

Im Herbst wird nicht nur mit Pflanzen gestaltet, denn es ist Erntezeit. Körbe, Früchte und Samenstände gehören zu der Jahreszeit und lassen sich auf Balkon und Terrasse ideal arrangieren. So entstehen Blickfänge, die nicht nur dekorativ sind, sondern auch das Portemonnaie schonen.

Lampionblume

_ *der Fruchtstand ist Programm*
_ *ideal für Herbstbasteleien*

Die Staude aus dem Halbschatten ist das ganze Jahr über unscheinbar, aber wenn im Herbst die Früchte orangerot leuchten, kommt man ins Schwärmen. Die Triebe sterben zum Winter ab und treiben im Frühling wieder neu aus. Sie ist übrigens eine Verwandte der Kapstachelbeere (siehe Seite 85).

Körbe

_ *filigrane Strukturen*
_ *aus Naturmaterialien für Obst*

Endlich ist es draußen wieder kühl und man kann den Balkon auch für die Lagerung von Obst und Gemüse – an absonnigen Plätzen – nutzen. Damit es aber nicht wie im Lagerhaus aussieht, werden Äpfel, Birnen, Salat und Kohl in Körben arrangiert. Die Gefäße aus geflochtener Weide oder Metall gewährleisten eine gute Belüftung und bieten auch dem Auge etwas.

Adressen, die Ihnen weiterhelfen

Gartenversandhandel

Gärtner Pötschke
Beuthener St. 4
41561 Kaarst
www.poetschke.de

Der Sängerhof
Wilhelm Ley GmbH
Postfach 1208
53340 Meckenheim
www.gartenwebshop.de

olerum
VDG Service GmbH
Carl-Bosch-Str. 19
53501 Grafschaft
www.olerum.de

Dehner
86640 Rain am Lech
www.dehner.de

Lubera AG
Lagerstrasse
9470 Buchs SG/Schweiz
www.lubera.com

Sämereien

Dreschlfegel GbR
Biologische Saatzucht
37202 Witzenhausen
www.dreschlfegel-saatgut.de

Bruno Nebelung GmbH
Freckenhorster Str. 32
48321 Everswinkel
shop.nebelung.de

Thompson & Morgan
www.tandmworldwide.com/deutsch-land

Kübelpflanzen

Flora Mediterranea
Königsgütler 5
84072 Au/Hallertau
www.floramediterranea.de

Flora Toskana
Schillerstr. 25
89278 Nersingen OT Strass
www.flora-toskana.de

Zwiebelblumen

Der Blumenzwiebelversand
Bernd Schober
Stätzlinger Str. 94a
86165 Augsburg
www.der-blumenzwiebelversand.de

Albrecht Hoch
Potsdamer Str. 40
14163 Berlin
www.albrechthoch.de

Balkongefäße

Emsa GMBH
Grevener Damm 215-225
48282 Emsdetten
www.emsa.com/produkte/garten

Ing. G. Beckmann KG
Simoniusstr. 10
88239 Wangen
www.beckmann-kg.de

Erden, Düngemittel, Pflanzenschutz

Neudorff
An der Mühle 3
31860 Emmerthal
www.neudorff.de

Compo
Gildenstr. 38
48157 Münster
www.compo-hobby.de

Scotts Celaflor GmbH & Co. KG
Wilhelm-Theodor-Romheld-Str. 28
55130 Mainz
www.scotts.de

Stichwortverzeichnis

Bildnachweis

Alle Fotos von Friedrich Strauß, außer:

Ahmad faizal yahya – shutterstock.com: 30/31
B. and E. Dudzinscy – shutterstock.com : 42o
Carmen Steiner - Fotolia.com: 27r
Flora Press/BIOSPHOTO/Harold Verspieren / Digitalice: 35r
Flora Press/Botanical Images: 58/59
Flora Press/Christine Ann Föll: 122o

Flora Press/Daniela Kunze: 122u
Flora Press/Helga Noack: 39l, 41l
Flora Press/Martin Hughes-Jones: 18/19, 22l,
Flora Press/Nova Photo Graphik: 24ol, 38, 64ul, 90/91, 97r, 118o
Flora Press/Otmar Diez: 70/71
Flora Press/Sonja Bannick: 68
Flora Press/The Garden Collection/Liz Eddison: 76ul
Flora Press/The Garden Collection/Torie Chugg: 62l, 80/81
Flora Press/Visions: 36o, 44/45, 66o, 92ul,

97l, 104r, 108ul, 112/113
Flora Press: 4ul, 60
Friedberg – Fotolia.com: 26l
GBA/Nichols: 24ul, 27l
GBA/Noun: 40l
Ichbins11 – Fotolia.com: 37
JackF - Fotolia.com: 95
Mark Herreid – 123rf.com
Reinhard: 85l
Stefan Körber – Fotolia.com: 23r
VannPhotography – shutterstock.com: 42u
Waechter: 39r

Über den Autor

Dorothée Waechter begann bereits in der Kindheit Töpfe und Beete mit Blumen zu bepflanzen. So war es nach der Schule selbstverständlich in der Staudengärtnerei Gräfin von Zeppelin eine Ausbildung zu machen und anschließend Gartenbau zu studieren. Vor 20 Jahren hat Dorothée Waechter als Freie Fachjournalistin das Redaktionsbüro folium gegründet. Hier entstehen Texte und Bücher, Konzepte für Radiobeiträge im WDR und Beiträge für den Service Garten des ARD-Morgenmagazins. Ehrenamtlich setzt sich Dorothée Waechter, die in Essen lebt, schreibt und gärtnert, für die Förderung der Gartenkultur ein. Weitere Information auf der eigenen Homepage www.gartenschönheit.de

Impressum

Bibliografische Information der Deutschen Nationalbibliothek

Die Deutsche Nationalbibliothek verzeichnet diese Publikation in der Deutschen Nationalbibliografie; detaillierte bibliografische Daten sind im Internet über http://dnb.d-nb.de abrufbar.

BLV Buchverlag
GmbH & Co.g

80797 München

© 2014 BLV Buchverlag GmbH & Co. KG, München

Umschlagkonzeption: Kochan & Partner, München
Umschlagfotos: Anke Schütz (vorne); Strauß (hinten)

Programmleitung Garten: Dr. Thomas Hagen
Lektorat: Rita Meixner

Layoutkonzeption Innenteil: Kochan & Partner, München
Satz: DTP im Verlag
Herstellung: Hermann Maxant

Gedruckt auf chlorfrei gebleichtem Papier

Printed in Germany

ISBN 978-3-8354-1228-6

Hinweis
Das vorliegende Buch wurde sorgfältig erarbeitet. Dennoch erfolgen alle Angaben ohne Gewähr. Weder Autor noch Verlag können für eventuelle Nachteile oder Schäden, die aus den im Buch vorgestellten Informationen resultieren, eine Haftung übernehmen.

Einfach, schnell, dekorativ: echte Hingucker für Balkonien

Eva Schneider
Selbermach-Ideen für den Balkon
Basteln, dekorieren, bemalen, nähen: 50 Ideen für den Balkon mit Step-by-Step-Anleitungen · Pflanzenwelt: Gefäße, Rankhilfen, Blumenampeln und mehr · Mikrokosmos: mit Tiermotiven verzierte Accessoires · Ordnungshelfer: Stauraum, Regale, Kisten, Körbe usw. · Relax: Sitzsack, Sonnensegel, Liegestuhl, Sichtschutz · Nachtleben: Lampions, Lichternetz, Windlichter.
ISBN 978-3-8354-1195-1